◎万秀锋 著

皇帝的小玩具

清代宫廷的娱乐文化

山东科学技术出版社

图书在版编目（CIP）数据

皇帝的小玩具：清代宫廷的娱乐文化/万秀锋著.
—济南：山东科学技术出版社，2019.6
ISBN 978-7-5331-9826-8

Ⅰ.①皇… Ⅱ.①万… Ⅲ.①宫廷-休闲娱乐-研究-中国-清代 Ⅳ.① D691.9

中国版本图书馆 CIP 数据核字 (2019) 第 105132 号

皇帝的小玩具——清代宫廷的娱乐文化
HUANGDI DE XIAOWANJU
——QINGDAI GONGTING DE YULE WENHUA

责任编辑：杨　磊
装帧设计：魏　然

主管单位：山东出版传媒股份有限公司
出 版 者：山东科学技术出版社
　　　　　地址：济南市市中区英雄山路189号
　　　　　邮编：250002　电话：（0531）82098088
　　　　　网址：www.lkj.com.cn
　　　　　电子邮件：sdkj@sdpress.com.cn
发 行 者：山东科学技术出版社
　　　　　地址：济南市市中区英雄山路189号
　　　　　邮编：250002　电话：（0531）82098071
印 刷 者：青岛嘉宝印刷包装有限公司
　　　　　地址：山东省青岛市即墨区大信镇普东国泰路2号
　　　　　邮编：266229　电话：（0532）83530927

规格：大32开（140mm×203mm）
印张：7.75　　字数：160千　　印数：1~4000
版次：2019年6月第1版　2019年6月第1次印刷
定价：49.80元

序

自古以来，玩具就是人们生活中必不可少的组成部分，不仅是童年生活的伙伴，也是人们调节生活、疏解压力的工具。玩具的历史从人类文明活动出现的初期就已经开始，伴随着人类社会的发展走过了数千年的历程。中国作为具有五千年文明历史的国家，玩具也随着中华民族的发展和进步而不断演变，成为中国传统文化中重要而又独具特色的一部分。

◀ 旻宁喜溢秋庭图

《喜溢秋庭图》是由宫廷画家贺世魁创作、道光皇帝爱新觉罗·旻宁私人订制的纸本设色画。画作描绘了秋日里的道光皇帝携后妃、子女在园中赏花嬉戏的场景。在绘画中，有几位皇子公主在与动物游戏，道光皇帝尽享天伦之乐。画作既呈现了道光皇帝作为国家统治者的政治形象，又表现其作为一位父亲、丈夫的家庭身份，以及他的喜好情趣。

在中国玩具发展史上，清代宫廷的玩具以其兼容并蓄、精巧极致的宫廷风格独具一格。清朝作为中国历史上最后一个专制王朝，其宫廷娱乐生活也体现了时代的特色，既有承继前代的各类宫廷游戏，又有一些从西方传入的玩具。中国传统玩具与西方流行玩具在清宫交汇，既促进了中国传统游艺文化的发展，同时形成了清宫独具特色的玩具文化。清代宫廷玩具与清代宫廷生活息息相关，对宫廷玩具和娱乐生活的系统梳理，是清代宫廷生活史研究极重要的组成部分，对了解和认识清代宫廷内的人际交往、儿童教育、个人成长、社会生态，以及保存和发掘中国传统文化的优秀成果都具有不可替代的

▼ **杨柳青年画中的正月初一紫禁城**

这是杨柳青年画中紫禁城过年的场景，也是民间对于想象中的宫廷节日生活的一种描绘。绘画中，紫禁城内张灯结彩，王公大臣乘坐车马轿等集于大门外，一派欢乐祥和的景象。

作用，值得深入研究。

目前学界关于中国宫廷玩具的研究尚处于起步阶段，主要的研究成果多为零简散牍，或关注于某一类玩具，或分散在有关宫廷历史的论述中，系统的研究著作尚未出现。之所以出现这种情况，一是由于玩具一直以来是作为玩物出现的，与正俗教化的宫廷正统理念存在差距，使之难登大雅之堂，相应的文献记载比较匮乏，留存的实物相对分散，且保存状况不佳，不易引起人们的重视；二是玩具门类繁杂，牵涉面广泛，很多类别的玩具在发展过程中消失或出现中断，也为进行系统研究增添了难度。正因为如此，要想完成清宫玩具和娱乐文化的系统研究绝非易事，对研究者而言必须具备一定的条件，诸如对历史知识的储备、对档案材料的积累、对宫廷生活的深入了解、对相关文物的熟悉和认知等。秀锋兄无疑是具备这样的条件的。他2006年毕业于中国人民大学清史研究所，受到良好的史学训练，同年进入故宫博物院宫廷部生活文物组任职，一直负责宫廷生活文物的保管、陈列和研究工作。秀锋兄自入职以来，埋头于浩瀚的清宫史料和文物收藏，甘坐冷板凳，远离喧嚣和所谓的研究时尚，十几年如一日，探赜索隐，取得了斐然成果。特别是在宫廷茶文化、香文化和娱乐文化等方面的研究，都是前人关注较少的。十余年来的努力，使这几个领域逐渐为社会和学界所关注，成为清代宫廷史研究中的亮点。在宫廷娱乐文化研究方面，秀锋兄先后发表过20余篇各类文章，使那些长期"藏于宫中人未识"的宫廷玩具逐渐为社会所知。这本《皇帝的小玩具——清代宫廷的娱乐文化》正是作者十余年来积累的结果。

清朝作为历史上距离我们最近的专制王朝，留存的文物和文献记载十分浩繁。特别是清代顺治、康熙、同治、光绪、宣统等几位少年皇帝的出现，使很多宫廷玩具实物机缘巧合地保存了下来，成为故宫博物院宫廷玩具文物收藏的主体，为我们了解清代宫廷玩具和娱乐文化的发展演变提供了难得的资料。秀锋兄的大作正是基于对故宫博物院所藏玩具文物进行细致梳理，并结合相关档案、文献进行研究的成果，在很大程度上填补了当前学界关于宫廷玩具研究的空白，成为系统研究清代宫廷玩具的第一本专著。该书将宫廷玩具按照节令类、益智类、生活类、运动类、泥塑类、博戏类、机械类等门类分别进行论述，史物结合，考证严谨，结构有序，并配有百余幅插图，图文并茂，可使读者对清宫玩具获得全方位的认识，是一部研究清宫玩具和娱乐文化的严谨的学术著作。

开创一个新的研究领域很难。研究著作的背后是冬去春来的文物整理研究和夜以继日的文献爬梳，其中艰辛，历者自知。秀锋兄自入职以来就与我同在一间办公室，十几年间其成长的点滴都看在眼中。天道酬勤，他在几个研究领域都取得了突破，我也很为其欣慰。在《皇帝的小玩具——清代宫廷的娱乐文化》付梓之际，他让我写几句话以为序言。由于自己的学识浅薄，对宫廷玩具又关注不够，好在平日里和秀锋兄多有交流，心虽惶恐亦责无旁贷，这也是对一个有才华、有追求的青年学者的鼓励。希望秀锋兄的这部著作能为清代宫廷生活史的研究开辟出更广阔的道路，也希望他今后有更多的佳作问世！

故宫博物院研究馆员　郭福祥

目录

绪论 / 1

  第一节　中国宫廷的游戏文化 / 2

  第二节　清宫游戏文化的几个特点 / 5

  第三节　清宫玩具的几个特点 / 7

  第四节　关于本书 / 10

第一章　节令玩具（上） / 12

  第一节　咚咚鼓声报太平——打太平鼓 / 12

  第二节　十五灯节闹喧喧——玩灯笼 / 16

  第三节　纸花蝴蝶斗春归——放风筝 / 21

  第四节　竹筒短短开风门——抖空竹 / 30

  第五节　翠翘红袖蹴秋千——荡秋千 / 33

  第六节　雨龙跃出浮水来——舞龙舟 / 37

第二章　节令玩具（下） / 46

  第一节　红袍铠甲最巍峨——兔儿爷 / 46

  第二节　戗金之盆斗双龙——斗蟋蟀 / 52

  第三节　凌红消尽幽庭春——九九消寒 / 60

第三章　泥塑玩偶 / 69

第一节　神态各异五彩偶——动物玩偶 / 70

第二节　粉墨登场弄戏俑——泥塑人物 / 75

第三节　亭台楼阁自相成——其他泥塑玩具 / 87

第四章　生活类玩具 / 90

第一节　齐家玩乐自融融——家居生活类玩具 / 90

第二节　人间疾苦手间尝——生产生活类玩具 / 95

第三节　舶来天使笑颜开——洋娃娃 / 100

第五章　体育类玩具 / 104

第一节　射是朝家夙所长——射箭 / 105

第二节　文士风流非所慕——投壶 / 110

第三节　使践冰而步逾疾——冰嬉 / 114

第四节　圆转相击随高下——踢毽子 / 119

第五节　但能相搏不能飞——摔跤 / 122

第六章　益智类玩具（上）/ 127

第一节　纵横离合变无穷——七巧板与益智图 / 127

第二节　培育智育之始基——积木 / 132

第七章　益智类玩具（下）/ 135

第一节　黑白棋子天地间——围棋 / 136

第二节　方寸乾坤自纵横——象棋 / 143

第三节　彩骰清响押盘飞——双陆棋 / 152

第八章　博戏 / 158

第一节　六博挎蒲骰子格——中国古代骰子戏的发展演变 / 159

第二节　小卒徒具青云梯——升官图 / 163
第三节　天地人和于牌中——骨牌 / 168
第四节　代代传承乐国粹——叶子、马吊、默和牌与麻将 / 174
第五节　西洋纸牌渐流行——扑克 / 190

第九章　西方机械玩具 / 193

第一节　机械人偶夺天工——清代宫廷的机械玩具 / 194
第二节　西洋乐器在宫廷——八音盒、留声机和钢琴 / 197
第三节　方寸之间行交通——电车、火车、轮船和飞机模型 / 205

第十章　晚清宫廷里的西方科技产品 / 214

第一节　万里语言同面晤——电话 / 215
第二节　运针巧妙捷罕伦——缝纫机 / 218
第三节　光影分明映灯照——幻灯机 / 221
第四节　人生梦幻皆可观——电影机 / 224
第五节　踏动其机疾奔马——自行车 / 228

后记 / 232

绪　论

近些年来，随着清代宫廷历史剧的不断热播，社会上对于清代宫廷生活的探究也更为急切。宫廷内的皇帝、后妃们的日常娱乐生活究竟是什么模样，他们又有哪些日常的游戏活动供其消遣？这是笔者近些年常常听到的问题。目前国内研究清代宫廷游戏的著作尚未出现，研究论文亦寥寥无几。近些年来，笔者陆续在各类刊物上发表过十余篇相关的文章，介绍故宫博物院所藏的清代宫廷玩具及相关的游戏生活。这些文章总的来看较为零散，并不系统，难以满足观众深入了解宫廷生活的期许。而随着研究的深入，对故宫博物院所藏的清代玩具文物有了更为深入的了解，笔者越发认为这些收藏是玩具史上极为重要、极具特色的藏品。因而非常有必要向外界展示这些藏在深宫里的玩具，为观众、读者了解和认识宫廷娱乐生活开辟一扇小的窗口。

基于以上原因，笔者在先贤研究的基础上，广泛的收集各

类文献资料,结合本人已有的研究成果,分门别类地将清代宫廷游戏及相关的玩具介绍给大家。本书所涉及的内容,是以故宫博物院所藏的玩具文物为出发点,结合相关的档案文献资料等进行考证辨析,力图还原出清宫游戏生活的真实面貌。因为这本小书涉及清代宫廷游戏生活的很多方面,这些方面又多是一些过去不为人知或少为关注的细节,因此有必要对这些通识性问题做一下梳理,权且作为这本小书的绪论。

第一节　中国宫廷的游戏文化

在了解宫廷游戏文化之前,我们首先要明白游戏的概念是什么,即什么是游戏?《现代汉语词典》中对"游戏"的解释是:娱乐活动,如捉迷藏、猜灯谜等。[①] 简单说,游戏就是人进行的娱乐活动。

皇帝也是人,这句听来有点傻的话,某种程度上困扰了中国历史很多年。皇帝之所以被称为天子,是因为他们在儿子之前加了一个天,所以他必须做出表率,否则怎么对得起天?但皇帝也是人,一个有血有肉的生物体,每天也必须吃喝拉撒,也有七情六欲。所以,游戏对皇帝个人来说,是一种本能的需求。但皇帝又不是普通人,巍峨的宫墙和严苛的礼制,形成刚柔两道枷锁,使得皇帝得到了普通人难以得到的物质保

---

① 中国社会科学院语言研究所词典编辑室编:《现代汉语词典》,第7版,商务印书馆2016年版。

障和精神推崇外，也很难像普通人一样尽情地释放自己内心的需求。从整个中国历史来看，皇家（或宫廷）的游戏文化都是在这两条轨道的相互交织中前行。

首先，"普天之下，莫非王土；率土之滨，莫非王臣"，这是中国权力哲学的最高境界，是每一个皇帝所追求的权力极致。在中国这个以传统的波轮差序结构的权力架构中，处在最中心位置的无疑就是皇帝，这是权力的发出点，是受命于天之所在。所谓"家国一体"，全国都是皇帝的，那么相应的皇帝对国家资源的掌控也是常人难以比拟的。皇帝可以调动国家资源为其服务，不仅可以享受到最高等级的物质保障，同时也可最大程度的利用国家机器满足自身的精神需求。在游戏文化中，皇帝可以调动的资源是普通人无法比拟的。如唐太宗喜欢打马球，便命令军队和皇室子弟及王公大臣都要学习，在唐太宗的影响下，马球这种起源于波斯的运动在唐代成为一时风尚。[1]明太祖喜欢围棋，曾征召当时的围棋高手相子先和楼得达二人进宫比赛，二人驰驿而来。太祖令二人对弈，自己则作壁上观，从容地欣赏国家级水平的表演。[2]清代皇帝多喜欢冰嬉，于是组织了多达5 000人的"技勇冰鞋营"，专门为皇家表演冰嬉。[3]这种可以动用国家机器为自己喜好服务的，只有皇帝才能做到。他们可以得到制作最为精美的玩具，欣

---

[1] 汤谷香，王永平：《"超级玩家"之唐太宗》，载《紫禁城》2014年第2期。
[2] 谢贵安：《明代皇帝宫廷娱乐特征述论》，载《徐州工程学院学报（社会科学版）》2016年第5期。
[3] 张雅晶：《清代冰嬉的盛与衰》，载《北京观察》2013年第2期。

赏水平最高的表演，这是权力带来的福利。

其次，皇帝虽然可以调动国家机器为其服务，但在中国传统的礼制架构中，皇帝又受到各种各样的约束，他们的很多行为乃至想法都受到礼制的束缚而难以实现。如北宋时期，宋真宗天禧三年九月，大臣李迪上奏说："昨日东宫赐宴，臣获陪侍皇太子，举动由礼，言不轻发，视伶官杂戏，未尝妄笑。左右瞻仰，无不恭肃。"[1] 皇太子看戏尚且不能随便出言发笑，受到的拘束可见一斑。明朝代宗时，大臣屡次上书，要求"至于耳目之娱，荒宁之事，悉宜屏绝，不使丧乎志心""多接贤士大夫，少亲宦官宫妾，自能革奢靡，戒游佚"。这使得代宗减少了很多日常的娱乐生活。在中国古代，随着儒家学说正统地位的确立，特别是宋代之后儒家意识形态及其节娱观念的确立，使得儒臣逐渐掌握了宫廷娱乐的话语权，并与皇帝的游乐私欲产生了冲突和摩擦。[2] 君臣之间关于娱乐的争论一直持续不休，这在明代尤为突出。

总的来看，这种皇帝个人私欲与礼制束缚的对抗贯穿于中国古代宫廷的娱乐生活中。皇帝放纵自己的天性则会受到臣子的劝诫乃至更为激烈的抗争，而文臣集团则又不得不在很多方面对皇帝的一些娱乐生活进行宽容，在这种交织着对抗与妥协的拉力中达到双方的和平相处。

---

[1] 《续资治通鉴长编》，卷九十四。
[2] 参阅谢贵安：《儒家伦理与皇帝私欲的冲突与折衷——明英宗与明代宗的宫廷娱乐生活》，载《紫禁城》2010年第4期。

第二节 清宫游戏文化的几个特点

清朝作为我国历史上最后一个专制王朝,其宫廷的娱乐生活也体现了时代的特色。作为满族入主中原建立的王朝,清朝宫廷生活中既有中原王朝宫廷文化的特点,也有很多满族文化的特色。同时由于晚清国门被打开,大量西方外来文化进入宫廷,使其又具有中西文化杂糅的特色。中国传统的游戏与西方的流行游戏在清宫交汇,这既是中国传统游艺文化的发展,同时也与社会的发展紧密相连,烙印着时代的符号,将时代的声音凝聚到小小的玩具之中。清宫的玩具就如同它留下的痕迹一样,带着厚重的历史感从逐渐远去的大清帝国走到了缤纷绚丽的今天。

首先,游戏方式的阶段化差异。按照清代宫廷的习俗,皇帝去世后其所用的玩具大都通过各种方式处理掉,除了一些西方的机械玩具外,我们现在很少见到顺治、康熙、雍正、乾隆到嘉庆几位皇帝幼年时所用的玩具实物。在清前期到中期,特别是在康乾盛世长达130多年的时间里,清王朝国力兴盛,内外承平,同时皇帝本人也都具有较高的素养。因此在这一时期,宫廷大型的文化娱乐活动众多,诸如木兰行围、冰嬉大典、诗文茶宴、焰火晚会等大型文体活动在这一时期举办很多次。这种以国家机器为主体进行的活动,是宫廷游戏文化的一大特色,游戏活动与政治、民族、外交等活动融为一体,成

为一种国家仪式活动。所以这一时期我们在绘画作品、档案文献中看到的宫廷游戏活动更多是大型文体盛会活动,其中包括射箭、摔跤、冰嬉、龙舟竞赛等体育活动,也有烟火表演、戏剧表演等。

清末,随着国力的下降,大型娱乐活动减少。同时,连续出现了几位皇帝幼年即位的情况,于是宫廷就购置了大量陪伴着小皇帝成长的儿童玩具。这些玩具包括节令玩具、泥塑玩具、小型生活类玩具等,更贴近儿童的心理需求,是其成长过程中必不可少的玩伴,也是小皇帝个人喜好的表现。这种以玩具为主体的小型游戏更多的局限于紫禁城的宫殿内,与前期规模庞大的国家仪式活动有着迥然的区别。由于宣统皇帝少年退位,因此大量的晚清宫廷玩具得以保存下来,成为今天故宫博物院的玩具文物收藏。

其次,承继传统与满族特色。从清宫的游戏文化上看,中国传统的游戏类别在清代宫廷中都有所展现。如中国传统的棋牌类游戏,象棋、围棋、双陆棋、纸牌等,中国北方地区传统的打太平鼓、抖空竹、玩兔儿爷、斗蟋蟀等儿童游戏,这些游戏在宫廷中都有出现,且大都有相应的玩具文物存世。也有一些带有明显的满族文化特色的游戏成为清宫游戏中重要的组成部分,如冰嬉等。而蒙古象棋等少数民族游戏进入宫廷也说明当时不同民族文化的融合。

再次,西式文化的冲击。清朝是我国历史上最后一个专制王朝,也是距今最近的朝代。在清代历史上,经历了以往朝代都未曾出现的"千古之变局",造成这种变局的外因主要是来自西方的冲击。在近3个世纪的时间里,中西文化交流的深度和广度都是前所未有的,而宫廷则成为西方科学传播的主要平台。自明末传教士利玛窦传播西洋科学开始,以传教士为核心,以天文学、机械学等自然科学在中国宫廷的传播成为中西文化交流的主流。清代,自汤若望供职于顺治朝开始,有相当数量的传教士直接或间接地为宫廷服务,他们以渊博的知识和才能赢得了朝廷的信任。由他们带入或在其指导、参与下制作的钟表、机械人偶等机械玩具是这一时期宫廷中西文化交流的一大特色。清末,随着西方冲击而来的外来产品大量进入中国市场,其中一些时尚生活用品从开放口岸走进了宫廷。在这些时尚用品中,以电影机、自行车、幻灯机、电话机、缝纫机等为代表的近代科技产品和以积木、扑克为代表的娱乐工具是当时西方文化影响宫廷生活的缩影。

总的来看,清朝作为我国历史上最后一个专制王朝,其宫廷的娱乐生活体现了时代特色。既有承继前代的各类宫廷游戏,又有一些具有民族特色的游戏,还有一些从西方传入的游戏。中国传统的游戏与西方的流行游戏在清宫交汇,这既是中国传统游艺文化的发展,同时也与社会的发展紧密相连。

第三节　清宫玩具的几个特点

我们现在所见的清代宫廷玩具文物基本上都是晚清宫廷

▲ 仕女清娱图

这是清代画家喻兰创作的纸本设色画册部分,表现了女子日常生活的一些场景,包括读书、舞剑、投壶和弈棋等,这是当时一些时尚游戏的场景。

或逊清小朝廷时期的遗存。从这些玩具出发,结合相关档案文献、绘画作品等材料做分析,我们可发现清宫玩具大致有以下几个特点:

　　首先,精挑细选,品质上乘。宫廷玩具与民间玩具相比,选材更为严苛,制作更加精美,可以说宫廷玩具来自民间又高于民间。清代,内务府造办处设专门为皇家制作玩具的作坊,这里的工匠均是从全国各地征调而来,技艺上乘,皇家作坊内的材料选择也是民间不能比拟的。优秀的工匠,上好的材料加上严苛的要求保证了宫廷生产的玩具的品质。如雍正元年三月,太监张起麟交来象牙骨牌十几块,雍正对内务府工匠的要求是"照此样回圈微放大些,点儿上烧珐琅,应点金处仍点,盒用好象牙做一份"①。这份骨牌用的是上好的象牙,用珐琅和金装饰,外盒也用象牙制作,品质可见一斑。再如乾隆时制作的一批棋具,包括"红白象牙双陆一份,金银小双陆一份,白檀紫降双陆一份,象牙象棋一份,象牙小象棋一份,黑漆方

---

① 中国第一历史档案馆、香港中文大学文物馆合编:《清宫内务府造办处档案总汇》,人民出版社2005年版,第1册,第77页。

棋盒二件，随玛瑙棋子磁青纸棋盘"①。这组器具包括三组双陆棋，材质分别为象牙、金银和白檀紫降香，两组象牙象棋和一份玛瑙围棋，这种对材质的要求是民间玩具不能比的。

晚清及逊清小朝廷时期，宫廷也向民间市场购买了一些玩具。这些从民间购买来的玩具也是经过太监精心挑选的。在中国生活过很长时间的美国人何德兰曾经这样描述光绪皇帝对各类玩具的兴趣："他们为找中国玩具已经把城里搜了个遍，去过所有的集市，到过所有的玩具店，找过所有的小贩，把那些特地为皇帝制作的精品高价买下来。他们中有啼叫的公鸡和咕咕叫的母鸡，汪汪叫的狗和哇哇哭的孩子，八音球和八音车，鼓角、空竹、帐篷，还有布狗和布猫、骆驼、大象和猛虎，以及林林总总、数以千计的其他玩具。"②太监们为小皇帝挑选玩具可谓煞费苦心，中外各类玩具都被太监们精心挑选进宫。

其次，带有皇家特色。与其他宫廷器物一样，宫廷的玩具

---

① 中国第一历史档案馆、香港中文大学文物馆合编：《清宫内务府造办处档案总汇》，人民出版社2005年版，第13册，第616页。
② （美）何德兰著，晏方译：《慈禧与光绪：中国宫廷中的生存游戏》，中华书局2004年版，第69～70页。

很多具有皇家特色,如皇家专用的明黄色,龙纹、凤纹、海水江崖纹装饰以及一些皇家特有的造型等。以风筝为例,清宫中风筝的绘饰具有明显的皇家特色,表现出与民间截然不同的风格表象。宫廷风筝的图案大都取材于动物,但在基本图案之上往往会有一些表现皇家特色的纹样,如海水江崖纹、龙纹、宫殿等,这些图案为皇家所专用,民间风筝中是不允许使用的。还有诸如麻将中的"龙""凤"牌等都是这种等级差别的体现。

再次,西方玩具的加入。与中国历代宫廷玩具相比,清宫廷的外来元素是最多的。鸦片战争后,随着国门被逐渐打开,大量西方物品开始进入中国,其中就包括各类儿童玩具和近代西方先进的科技娱乐产品。这些玩具通过各种方式进入了晚清宫廷,包括电影机、电话机、幻灯机、留声机、自行车、扑克、积木、洋娃娃、机车和飞机模型等。西洋玩具以光绪和宣统时期最多,这也是时代在小皇帝身上所展现的印迹。西洋玩具内部结构复杂,外在装饰色彩斑斓,造型多变,取材广泛,集声、音、色、动于一体,比起中国传统手工制作的玩具,确有耳目一新之感。

第四节　关于本书

清代宫廷的玩具种类繁多,材质多样,且功能复杂,这给玩具的分类带来了一定困难。故本书以故宫博物院所藏文物为主线,结合相关的档案文献和其他资料,对清代宫廷的游戏玩具按照节令类玩具、生活类玩具、泥塑类玩具、益智类玩具、体育类玩具和西洋玩具等几大类作简略的梳理。本书共分十章,每章小节若干,每小节讲述一种玩具,几节归成一章,作为一类。由于实物和文献资料的限制,本书内容还较粗浅,更多的是从实物介绍的角度让大家了解清宫的游戏玩具和娱乐文化。本书内容也并非面面俱到,而是选择有代表性的游戏玩具进行论述,希望读者可以从本书中了解到宫廷游戏史、娱乐文化的真实面貌。

历史是由人创造的,唯有人的存在,历史才有意义。任何东西都不能摆脱人的因素而存在,玩具是人游戏时的所用的工具,也只有加入人的因素,玩具才会迸发出其生命力。清朝以少数民族姿态进据中原,其危机感持续近270年。厚厚的诏书中承载着清代皇帝们辛酸的记忆,高高的红墙上嵌下了一个个幼小而疲惫的身影。当6岁的顺治、8岁的康熙、6岁的同治、4岁的光绪和3岁的溥仪坐上那冰冷的龙椅时,在紫禁城内,只有那些色彩缤纷的玩具给幼小的皇帝在无法排解的苦楚中打开了一扇明晰的天窗,让深藏于小小龙袍之内的天性得以释怀。"旧时王谢堂前燕,飞入寻常百姓家"。当滚滚的年轮碾过风华正茂的岁月,伟大的君主也会变成垂朽的过客,而留下的这些玩具似乎诉说着曾经的欢声笑语。从某种意义上说,清代宫廷的玩具就是当时宫廷生活的反映,是紫禁城内风云变幻的见证,也是时代变迁烙在小皇帝身上的印记。

第一章 节令玩具（上）

中国自古为农业大国，掌握节气尤为重要。不同时节做什么事，举行哪些活动，已形成约定俗成的规律，也因此产生了与节令相关的各项娱乐活动。与这些节令活动相关的玩具从而也得以问世，且历代相传，久盛不衰，这些玩具在清代宫廷中也有出现。根据相关史料与众多藏品可窥知，从阴历正月贺岁至六月，宫廷应节令的活动主要有打太平鼓、玩花灯、荡秋千、抖空竹、龙舟竞技等。这些娱乐活动虽然民间也很盛行，但宫廷与民间相比，其玩具制作的考究与精美，是民间所无法比拟的。

第一节 咚咚鼓声报太平——打太平鼓

1. 太平鼓溯源

清代，正月时节，流行的玩具中有太平鼓。何为太平鼓？

明万历年间的进士倪启祚在描写京城习俗的《灯市篇》诗中有"儿孩跃跃鼓太平，挞鼓喧阗无剩隙"[1]，说明当时京师儿童盛行玩太平鼓游戏。清代乾隆年间的汪启淑记当时京城游戏时有"内外城皆尚击太平鼓。盖以铁条作腔，糊茧纸，用箸击之。缀铁连线，随击随摇，铮铮有声。新岁尤甚，在处闻咚咚"[2]，可见当时京城在新岁时节盛行太平鼓游戏。

光绪年间学者富察敦崇在《燕京岁时记》中记载："太平鼓者，系铁圈之上蒙以驴皮，形如团扇，柄下缀以铁环，儿童三五成群，以藤杖击之，鼓声咚咚然，环声铮铮然，上下相应，即所谓迎年之鼓也。"[3]在《清稗类钞》中也有类似记载："年鼓者，铁为圈，木为柄，柄系铁环，圈冒以皮，击之冬冬然，名'太平鼓'。京师腊月有之，儿童之所乐者。"[4]从记载中我们可以得知，太平鼓一般有铁圈、木柄和圈上皮囊组成。在一些清人的绘画作品中，也很形象生动描绘了当时孩童玩耍太平鼓的场景，这也为我们认识太平鼓提供了直观的图像依据。清人钱载有咏《太平鼓》诗存世："鞔得围桮茧纸轻，左持右击伴童婴。喧如答腊高低节，响彻胡同内外城。白索戏连仍习俗，唐花催遍应生平。哪知灯市今年盛，燕九前头不住声。"从诗中，我们可以看出太平鼓的特点，用茧纸或薄皮附

---

[1] （明）刘侗，于奕正：《帝京景物略》，北京古籍出版社1983年，第59页。
[2] （清）汪启淑：《水曹清暇录》，上海古籍出版社2002年，续修四库全书1138册，卷8。
[3] （清）富察敦崇：《燕京岁时记》，北京古籍出版社1981年，第85页。
[4] （民国）徐珂：《清稗类钞》，中华书局1986年，第九册，第4960页。

在圈环上,左手持鼓,右手持槌,用槌敲鼓,声音错落有致。太平鼓上的图案为故事人物图或者是花卉图案等。"灯市"即元宵灯节,"燕九"即"燕九节",是指农历的正月十九,说明玩太平鼓多是在元宵节前后盛行。

2. 太平鼓的造型

相传,古人敲打太平鼓有驱除疫瘟的作用,所以进入腊月,大街小巷与村庄鼓声阵阵不断,到清代乾隆、嘉庆年间尤为盛行。为了提高太平鼓的艺术情趣,清代的艺匠们巧妙构思,施展技能,不断翻新花样。鼓的造型在圆形的基础上,又有桃形,纨扇式、团扇式等,再根据形状搭配相应的色彩。凡素色鼓面上多有彩画图案,如八卦纹、花卉纹等,使原本呆板的鼓面增添了几分观赏性。

清代,在制作太平鼓时,不仅注重式样翻新,而且在选料等方面也非常考究。以北京地区为例,质优者则羊、驴之皮,次者以高丽纸为之。金属环以铜为最佳,铁次之。鼓面小的直径约45厘米,大的达到90余厘米。就是这样大小不同,式样各异的太平鼓,其金属环的铮铮声、鼓的咚咚声,陪伴着人们度过上元节。

打太平鼓有不成文的规范动作,两手持鼓与槌是有分工的。清宫画家绘制的《庭院游戏图》中面带笑容身着蓝色便服的大阿哥,与身穿红色便装外罩绿坎肩的小公主,正在庭院中嬉戏,小公主手中持的正是太平鼓。淡粉色的太平鼓中心饰

▶ 庭院游戏图

描绘的是春日的小皇子和小公主在嬉戏的场景。小皇子点燃爆竹,小公主手持太平鼓在旁注视,表现了宫廷里的少年儿童活泼天真的一面。

花卉纹。小公主是左手持鼓,右手以槌敲击,这是标准的玩法。因太平鼓原为舞蹈乐器之属,所以玩耍中,通常左手举鼓、右手击之,唱太平词,且歌且舞,别有意趣。这种兼有艺术表演器具,恐怕非纯小儿的玩耍物。而一旦为儿童所乐时,突出的则是"耍"。常见三五成群的儿童手持太平鼓,或高或低地移动着,以槌敲打,其中咚咚鼓声配着清脆的金属铁环声,铮铮悦耳,汇成贺新春交响之妙音。

3. 清宫廷的太平鼓游戏

如此有趣的民间儿童玩具,当然也是颇受清宫大内喜欢的。每遇腊月时节至来年正月,数十天年节庆典活动或平素中,太平鼓声声不断。宫廷绘画《乾隆帝元宵行乐图》中记录这一史实。在郁郁青松的下面,一群皇家的大小阿哥们,有得腰间系着小鼓,有的则手持太平鼓,击打动作之大,姿态之优美,反映了皇家儿女极为擅长此项游戏。关于太平鼓,在《上书房消寒诗录》中有康熙帝的皇八子允禩咏的《太平鼓》诗:

"六街击鼓散春声,茧纸团圆熨贴平。不比花腔传乐府,只需信手打愁城。饧箫远近来相合,竹马前头韵自迎。腊后大酺刚十日,果然雨点落轻轻。"从允禵的诗中,我们可以看出当时宫廷所玩的太平鼓与民间的太平鼓并无二致,从形制和玩法上都相同,只在局部细节上更加讲究,也更符合皇家的气度。

▲ 乾隆帝元宵行乐图(局部)

描绘的是乾隆皇帝与皇族子弟在宫苑内庆贺元宵节的局部场景。图中有打太平鼓、舞龙的场景。元宵节,又称"上元节""灯节"。中国人有在元宵节吃元宵、挂彩灯、放烟花、猜灯谜的传统。全画中乾隆皇帝端坐阁楼之上,注视着正在庆贺元宵佳节的皇子们,凸显出祥和的节日氛围和浓浓亲情。

太平鼓所具有厚重声与清脆的金属铁环声交织带给人以激情、愉悦,再加上"太平"这一美好名词作修饰,在清代盛行吉祥寓意的艺术风气中,无疑赋予这种小鼓的时尚性。因而,在清代玩具的大家族中,太平鼓有幸博得了宫廷的青睐,一度成为正月灯节游乐玩耍中的宠儿。

第二节 十五灯节闹喧喧——玩灯笼

1. 灯笼的源流

农历的正月十五是中国传统的元宵节,又称灯节。元宵节是春节外最为热闹的传统节日，城乡各地张灯结彩，燃放烟火，表演杂技，吃元宵，猜灯谜，活动众多。汉代的司马迁在《史记》中记载："汉家以望日祀太一，从昏时到明。今人正月望日，夜游观灯，是其遗迹。"两汉以后，元宵节活动的内容更为丰富多彩。《北史》中描述道："每以正月望夜，充街塞陌，鸣鼓喧天，燎炬照地，人带兽面，男为女装，竭资破产，竞此一时。"到唐朝时，元宵节灯会开始逐渐盛行。唐玄宗时，京师长安曾做了一个高20余丈的灯轮，燃灯五万盏，长安少妇千余人，于灯下踏歌三日方尽。到宋代时，"正月十五日元宵节，大内前绞缚山棚，游人集御街两廊下，歌舞百戏，鳞鳞相切，乐声嘈杂十余里"。明代，元宵节时，内臣宫眷都要穿灯景补子蟒衣以示喜庆。①同时还规定："上元节自十一日为始，赐节假十日。"皇宫要在乾清宫和午门举行庆祝活动，永乐帝尝赐百官宴。最为称道的是午门外搭建的鳌山灯，它是将千百盏的彩灯相互叠落成山，有时高达13层，形似鳌，其间以彩绸装饰。夜幕中千百盏灯将威严的午门照耀得灯火通明。如此壮观的灯景，皇帝并非一人独享，而是特许京师臣民观看3天，以示与民同乐。皇帝有时也到此观灯，并伴有作御制诗，命儒臣奉和的活动。明代一幅《鳌山寺看灯》的版画中，描绘的是上元节老少观灯的场面。只见灯笼高高悬挂，灯上所饰人物，或打禅，或静观，各个专心之至。灯顶、四围及灯底，

---

① （明）刘若愚：《酌中志·饮食好尚》，北京古籍出版社1994年。

饰以流苏花叶，或用线穗点缀，为主题严肃的灯笼增加了流动的线条。这幅以寺庙中观灯为主题的画作，再现了明代上元灯节中，寺院的灯盏的装饰有以佛教为题材的特色。

因闹灯的需要而出现做灯、卖灯、买灯等，灯市孕育而生，且越发规模化。《帝京景物略》记载："灯市者，朝逮夕，市。而夕逮朝，灯也。"可知，明代的灯与市不分，灯市仅一处，东华门之东，即今北京灯市西口一带。清代的灯市已得到普及，灯与市分离，灯市明显增加，诸如东四牌楼、西四牌楼、地安门、鼓楼、正阳门（今前门）、厂甸，以及近郊廊坊等也设灯市。灯市的特点是白天是繁华的集市，夜幕降临后，则形成热闹非凡的灯会。

与城市相比，乡村上元灯节的热闹与否，往往受制于头一年的五谷收获情况如何，若是去年收成好，则众人集资将上元灯闹得异常。名为《歌舞升平》的版画描绘了一乡村庆贺上元灯节的场面。画中人物吹、唱、跳舞，擎灯者姿态各异，面带笑容。乡村富裕人家，还出钱竖起了灯塔，光芒四射。上元之夜，锣鼓喧天，载歌载舞，小村成了不夜城。

2. 清宫的灯节游戏

清代宫廷中的灯节内容也非常丰富。先于旧历十二月二十四日，在乾清宫、乾清门、日精门、月华门及御花园等处，安灯多达数百盏，宫中已然装扮成灯的世界。为避免大内失火，皇家真正的观灯处，清中期以前是在圆明园"山高水长"

楼。"乾隆初,定期于上元前后五日,观烟火于西苑西南门内之山高水长楼。楼凡五楹……是日申刻,内务府司员设御座于楼门外,凡宗室、外藩王、贝勒、公等及一品文武大臣,南书房、上书房、军机大臣及外国使臣等咸分翼入座。圃前设火树,棚外围以药栏。上入座,赐茶毕……次乐部演舞灯伎,鱼龙曼衍,炫耀耳目。"①从记载中可以看出,当时上元时节,花灯高照,帝后、妃嫔、宗室王公、文武大臣、蒙古王公与外国使者在"山高水长"楼前,观看摔跤、马戏、西洋秋千、民族乐曲等精彩的表演,之后进入舞灯表演。关于上元节,宫廷的舞灯、烟火表演,在《檐曝杂记》中记载:"上元夕,西厂舞灯、放烟火最盛。清晨,先于圆明园宫门列烟火数十架,药线徐引燃,成界画栏杆五色……日既夕,则楼前舞灯者三千人列队焉,口唱太平歌,各执彩灯,循环进止,各依其缀兆。一转旋,则三千人排成'太'字,再转成'平'字,依次作'万''岁'字,又依次合成'太平万岁'字……极天下之奇观矣。"②从描述来看,场面十分壮观。除此之外,还有的烟火盒内放置鸟笼,其内有鸽子、喜鹊数十只,乘火飞出,非常喜庆。焰火之后,点燃花炮,其声如雷,此起彼伏。火光漫半空,似千万红鱼奋迅跳跃于云海内,极为壮观。到清晚期,宫廷仍有以灯舞字的表演,组成"和""巧顺""吉祥""如意"等字样,并以舞"二龙戏珠"图案为压轴戏。当各种灯盏放亮时,时人赞叹道:

---

① (清)昭梿:《啸亭续录》,中华书局1996年,卷一"山高水长殿看烟火"。
② (清)赵翼:《檐曝杂记》,中华书局1997年,卷一。

"灿如明星,极称美观。"除了灯火表演,还有制灯词活动,"高宗遇上元节,必制灯词,或四首,或八首。自五十三年戊申始,以六十四卦分咏,岁八章,至六十年而卦全备。宫中放灯,自正月十三日始,凡七日,过燕九乃罢"[①]。

如此喧闹的元宵灯节中,婴孩玩具的主角就是灯笼。这一时节,常见小贩在村边上摆花灯出售。民间灯笼有圆形绘花灯、荷包式灯笼、瓶式灯笼等各个样式。对于宫廷中的小皇子、格格们来说,玩具灯笼已成为元宵节时最重要的玩具。清宫所玩的花灯,比起民间婴孩们到货摊上购买的品种要丰富得多。清宫廷画家所作《生平乐事图》真实反映了皇家的格格、阿哥们玩耍的各种花灯。如故宫博物院现存的童子抱鱼沙灯,这是清晚期小皇帝玩过的灯笼。灯以细铁丝为骨架,设计为方形,以纱布沿架子黏合固定。于纱布外施以绘画技巧,双面绘制彩色双童抱鲤鱼图,灯侧面绘有云蝠纹,寓意多福多寿。灯心内有预留燃烧蜡的烛座,纱灯彩绘笔墨清晰,构图寓意"年年有余"。这件纱灯或多或少地反映出

▲ **童子抱鱼吊灯**

中国古代有借鱼祈求多子多福的传统。若出现了荷花、童子与鲤鱼等搭配图案,多有吉祥、多福多子的寓意。童子抱鱼吊灯是将这种吉祥寓意装饰到挂灯之上,美观实用。

---

① (清)吴振棫撰,童正伦点校:《养吉斋丛录》中华书局2005年版,第182页。

▲ 粉彩婴戏图梅瓶

梅瓶上装饰有孩童嬉戏的诸多场景，整个画面色彩鲜艳，人物栩栩如生。图中将春日里孩童的各类活动，诸如放花灯、玩太平鼓、放风筝等游艺集于一体，意趣盎然。

清晚期宫廷所崇尚的灯笼，仍以吉祥寓意为首选。大小灯笼中应正月灯节而制作的"童子抱鱼"灯笼、以纸制的小红灯笼等，具为宫廷年节中的抢手玩具。

在乾隆年粉彩灯笼尊饰婴戏图梅瓶上，远处山水相连，近处亭阁之中，婴孩敲锣打鼓，吹喇叭，骑木马，高举福灯，舞灯笼。其中灯笼造型生动，色彩艳丽。这些不同形状的各式灯笼，都是清宫廷皇子、格格等在上元节中赏玩的花灯。

第三节　纸花蝴蝶斗春归——放风筝

1. 风筝溯源

关于风筝的制作演变过程，迄今众说纷纭，据《墨子·鲁问》篇载曰："公输子削竹木以为鹊，成而飞之，三日不下，公输子自以为至巧。"《韩非子·外储说左上》云："墨子为木鸢，三年而成，蜚一日而败。弟子曰：'先生之巧，至能使木鸢飞。'"文中以木做成的鸢，可于空中飞翔。至宋代高承的《事物纪原》卷八有"纸鸢"条云："俗谓之风筝，古今相传，云是韩非所作。高祖之征陈稀也，信谋从中起，故制作纸鸢放

皇帝的小玩具

▲ 旻宁行乐图轴

在嫩绿柳树的陪衬下，道光皇帝端坐在"澄心正性"亭内，其左前方有两位公主，右前方芳润轩内则是皇子在读书，轩亭之间，三位皇子在放风筝，道光帝正兴致勃勃地观看他们放飞红色"福"字、绿色"寿"字风筝，所谓"杨柳儿青，放风筝"，皇帝不仅要治理国家，还要享受家庭欢乐。

之，以量未央宫远近，欲以穿地隧入宫中也，盖昔传如此，理或然也"[①]。这条史料中出现"纸鸢"名称，即是风筝的别名，与生活在春秋战国时期的墨子制作的"木鸢"仅一字之差，究其造型、放飞的功能等因素，又明确"纸鸢"谓之"风筝"的定论，两者很可能有渊源关系，即风筝以古代的木鸢为雏形逐渐变化而来。古人在制作与放飞风筝的过程中，赋予了它特有的文化内涵。初为简单的制作，随着造纸技术的进步，纸逐渐取代绢帛成为风筝制作的主要材料，纸不但价格低廉且制作简单，推动了风筝的普及。唐代诗人元稹在《有鸟二十章·纸鸢》中写道："有鸟有鸟群纸鸢，因风假势童子牵。去地渐高

---

① （宋）高承：《事物纪原》，中华书局1989年。

人眼乱，世人为尔羽毛全。"此时的风筝已经成为儿童嬉戏的玩具，且风筝的制作和放飞技术已经比较成熟。唐朝时的风筝中出现了附有丝弦的弓形装置，放飞时发出宛如弹拨乐器——筝的声音。唐代诗人高骈在《风筝》诗中这样描述："夜静弦声响碧空，宫商信任往来风。依稀似曲才堪听，又被风吹别调中。"据《清稗类钞》记载："五代时，李邺于宫中作纸鸢，引线乘风为戏。后于鸢首以竹为笛，使风入竹，声如筝鸣，故名风筝。"① 此时的风筝制作已经达到相当的水平，与现代风筝相似。风筝在明清时期趋于鼎盛，在制作、形制、装饰和放飞技巧等方面都远超前代，《帝京岁时记胜·三月》中载"京制纸鸢极尽工巧，有价值数金者，琉璃厂为市易之"，还出现了曹雪芹的《南鹞北鸢考工志》这样的风筝专著。

关于风筝何时进入宫廷，现在尚不得而知，最早见于文献《新五代史·李邺传》，文曰："时天下旱蝗，黄河决溢，京师大风拔木……而帝与（李）邺及聂文进、后赞、郭允明等狎昵，多为瘦语相消戏，放纸鸢于宫中。"② 说明此时风筝已经进入宫廷，后历代宫廷都有放风筝的游戏，尤其受到后妃宫女和皇子们的喜爱。清朝定都北京，宫廷深受北京风筝文化的影响，大量制作和放飞风筝，其基本构造原理与民间风筝大体相同，以至于很多人将北京风筝统称为宫廷风筝。在清人绘画的《旻宁行乐图轴》中，就有放风筝的场景。在嫩绿柳树的陪衬下，

---

① （民国）徐珂：《清稗类钞》，中华书局1986年，第十二册，第6064页。
② （宋）欧阳修撰：《新五代史·李邺传》，中华书局1974年。

道光皇帝旻宁端坐在"澂(澄)心正性"亭内,慈祥地注视皇子们读书玩耍。其左前方有两公主,其右前方芳润轩内两位年龄稍长的皇子在书写,三位年纪尚幼的皇子正在放风筝。道光帝正兴致勃勃地观看他们放飞红色"福"字、绿色"寿"字风筝,所谓"杨柳儿青,放风筝",皇帝不仅要治理国家,还要享受家庭欢乐。

2. 清代宫廷风筝的特点

清宫廷制作的风筝在用料、造型、绘制等方面与民间风筝大致相同,但在一些方面还有其独特之处,体现着皇家的特色。从现有清晚期制作的数件实物来看,分别以纸、绢、绫子等制作,造型取材颇丰,如龙、蝴蝶、鲇鱼等,既有皇子们日常游戏的小型风筝,也有为皇帝表演所用的大型风筝,下面我们从具体的实物来看宫廷风筝在图案和制作上的一些特点。

(1)图案上的特点。现存实物中有一件鲇鱼式风筝,高144厘米,宽80厘米,主图案为中心的天坛,坛内一小屋意为海屋,内有装着筹码的小瓶。天坛周围有八只翩翩起舞的仙鹤,均口衔筹码欲置海屋中。辅助图案为颇具宫廷韵味的波涛涌动的海水以及云纹。活动的鱼眼、顶端长而富有曲线的鱼须,有效地增加了制作物的动

▲ 鲇鱼式风筝

感。风筝在彩绘上也是别有一番特色的，海水纹以红绿色为主，冷暖色调相结合，造成强烈色差的对比，使整个画面充满了热烈的气氛，而蓝色海水中泛者着白色的浪花，以蓝色为地色，与天空色泽浑然一体，从而呈现出风筝那空灵绝妙的艺术感染力。画笔到细微之处，运笔自如，点画清晰，施色稳重中见俏丽。整体构图疏密有致，画面生动传神。风筝取鲇鱼式样，谐音"年年有余"。如此工艺特点的风筝，运用了宫廷装饰品中具有普遍性的表现手法，表达了皇家追求吉祥如意、延年益寿的美好愿望。

此风筝主题图案取材于历史的传说。据《东坡志林》卷二载，有三位老人在途中相遇，互问年龄，其中一老人说："年岁记不清了，只记得我幼年时和盘古（盘古氏是神话故事中开天辟地之人）是朋友。"另一老人说："每逢海水变成桑田时，我就用一支筹记次数，现在记数的筹已经满了十间屋子。"[①]另一传说是：海中有一楼，内储世间每人寿数，用筹插在瓶中，如令仙鹤衔一筹添入瓶中，可多活百年。从记载的传说中可知，人们用于记数的普通算筹与存放筹码的房屋，竟与人的寿辰，乃至增寿紧密相连。经艺术手法处理，有关"海屋天筹"的字、图案，在人们的生活中广为流传。至清代，宫廷的生活用具中，以"海屋天筹"为题材的装饰，常见于屏风、绣品、木器家具等不同质地的器物上，这些具有特定寓意的制作物，其

---

① （宋）苏轼著，赵学智点校：《东坡志林》，三秦出版社2003年。

皇帝的小玩具

选用材质、构图布局、施彩上色等方面均达到精美之至，成为万寿庆典时的抢眼贡品，纸制鲇鱼式风筝正是宫廷所欣赏纹样中的得意之作，使古代以传说题材形成的艺术品，在清宫廷中得以继承与发扬。

从这件风筝可以看出，清宫中风筝的绘饰具有明显的皇家特色，表现出与民间截然不同的风格、气象。宫廷风筝的图案大都取材于动物，但在基本图案之上往往会有一些表现皇家特色的纹样等，如海水江崖、龙纹、宫殿等，这些图案为皇家所专用，在民间风筝中是不允许被使用的。除此之外，还有一些字形风筝，如"福""寿"等字，这些字形风筝的出现也是与皇帝每年赏赐大臣御笔"福"字有一定关系的。

（2）制作上的特点。现存实物中有一件龙形风筝，此风筝长1 300厘米，放飞时需要数人协作完成。龙是中华民族的图腾，也是古代皇权的象征，皇帝为真龙天子，是代表上天统治人民的载体。据《易·系辞》载曰："云从龙，召云者龙。"又

▸ **纸制龙式风筝**

此风筝为清代宫廷皇子游戏所用之物，龙是皇权的象征，代表天子至高无上的地位。此风筝龙头硕大，造型威严，凸显其皇家特征。龙须浓密修长，潇洒别致，龙双眼可活动，给风筝增加了灵气。龙头上有鳞十余片，色彩明快自然。龙身修长，全身附以蓝色鳞片，图案清新，内部以细绳相连，结构细密。龙爪成波轮状，遒劲有力。放飞后可见其体长而粗壮，在广阔的空中如同一条巨龙，令人赞叹。

《左传·昭公二十九年》有"龙,水物也"的记述。在《说文》中这样描述:"龙,鳞虫之长。幽能明,能细能巨,能短能长。春分二登天,能秋风而潜渊。"在古人的描述中,龙是借助自然界的云、雨等自然现象而成型的,能知天意,具有神灵的特性,后逐渐演变为皇权的象征。龙形风筝在古代只有皇家才可以使用。这件龙形风筝由纸制成,龙头硕大,造型威严,龙须浓密修长,双眼可以活动,为龙增添了神采。龙身由十余片组成,全身附以蓝色鳞片,内部用细绳相连。龙爪成波轮状,遒劲有力。

从这件龙形风筝上,我们可以看出清代风筝制作的水平。这件风筝最主要的部分是龙头,由于体积硕大,加重了龙头的重量,这样就给放飞带来了难度。因而就必须将龙头用支架撑起,龙头扁平且宽大,从空气动力学的角度来讲,长宽比例值越大,空气阻力越小,这既可保证龙头在放飞时稳定而轻盈,又可以带动长长的龙身。龙身由龙头牵领,因此要在制作龙身时将长达十余米的鳞片,用细线将其连接为一体,这属于串类风筝的范畴。除了这类大型的风筝之外,宫廷中的小型风筝多是硬翅类和软翅类两种,基本上是以飞禽和昆虫为主要图案,构造相对较为简单,以竹条为骨架,除皇家专用的图案外,它们与民间风筝在制作上并没有什么区别。在材质上,宫廷除了选用上好的纸之外,还用一些丝织品,如绢、绸等,后宫女子制作风筝时常用这些材质。现存实物中有一件蝴蝶风筝,结构以竹构架,通体取料于织物中的素色绢,按预定框

架完成后,在其上彩画而成。

与风筝形影不离的是风筝桄子,道光年制粉彩婴戏图瓷瓶中,两小童用于放喜字风筝的桄子,中心是用一个轴以缠线,外饰阴阳鱼、八卦图形,最外饰曲线形边。从整体来看,桄子做工精致。当年清宫廷放风筝的桄子以紫檀木为之,少量为红木,做成双重菱花形,内镶横梁以绕线,菱花外面以双层圆形铜花片作装饰,下端附手柄。用于放飞的风筝线系丝线,极少数为棉线,反映了皇家风筝游戏中用料考究的特点。

3. 清宫廷的风筝游戏

清代,风筝在北方非常流行。《帝京岁时纪胜》中记载:"清明扫墓,倾城男女纷出四郊,担酌挈盒,轮毂相望。各携纸鸢线轴,祭扫毕,即于坟前施放较胜。"由此可以看出,放风筝大都是在清明前后,舒铁云在《纸鸢篇》中有"东风袅袅二十四,已有少年相招邀"之句。此时春风习习,杨柳依依,就我国北方而言,清明才是真正春天的开始,这时放风筝既是一种娱乐,也有放飞新一年希望的意愿。

清宫中放风筝的时间也基本上是在清明前后,正如乾隆帝在《清明》诗中所言:"红杏都含宿雨润,绿杨不动晓风轻。纸鸢竹马儿童戏,鸠杖莺衣父老迎。"[1] 清明正是放风筝的好时节。乾隆在《清明即景》诗中有"杏酪几匙翻雪色,纸鸢数对御风斜"之句。从《旻宁行乐图轴》中,我们可以看到,当

---

[1] (清)爱新觉罗·弘历:《御制诗初集·二集》,卷三"清明"。

时碧空晴朗，杨柳嫩绿，春意盎然，小皇子手持的当时宫廷盛行的字形风筝正随风而舞，一片祥和安乐的景象。清宫放飞风筝的地点多选在开阔的皇家园林，早期主要集中在圆明园，后期则在颐和园等地，这些地方地势开阔，环境优美，是放松身心的理想之处。清宫中放风筝还有为皇帝进行风筝表演之用。故宫现存的龙形风筝就是用来表演的器具，这种风筝大都需要数人协作完成，类似于舞龙表演。乾隆十七年的《观风筝图》就描绘了皇帝观赏风筝表演的场面。

在《红楼梦》第七十回中有众姐妹放风筝的故事，其中有"把咱们的也拿出来，咱们也放放晦气"的话。这样风筝除了娱乐外，还被赋予了更加深层次的意义，蕴含着人们希望祛病消灾、健康长寿的意义。清宫中施放的一些风筝也因时因人的不同而被赋予了不同的含义。乾隆帝有一首《赋得鸢飞鱼跃》描述了宫廷放的鱼形风筝："大雅辞先著，中庸趣重拈。天飞宁著力，渊跃自知恢。云翻原昭上，波鳞亦出潜。流行活泼泼，岂弟兴恢恢，挈矩作人化，造端君子占，理诠兼内外，是用揭楣檐。"[1] 在诗中，乾隆将风筝比作君子，收发自如，内外兼修，颇有文士风范，表现了乾隆浓重的文化情结。除了像乾隆这种皇帝的情结之外，那些常年闷在宫中的后妃宫女们在放风筝时更是寄托了一厢情怀，"日暮寒冷生翠袖，雨深闲恨锁木楼"，长时间的寂寞而无处诉说，只能将思绪寄托在风筝之上，"黄昏人倚楼头望，添个红灯到上边"。

---

[1] （清）爱新觉罗·弘历：《御制诗初集·三集》，卷四十"赋得鸢飞鱼跃"。

第四节 竹筒短短开风门——抖空竹

1. 空竹

清人陆奎勋在《陆堂诗集·京邸杂咏》中有这样的描写："竹筒短短开风门,胡绳曳之独足奔,牛鸣土窖宫声存。"这种北京地区盛行的音响玩具就是空竹。空竹又名空钟,以竹木制作,因空腔周围有口在抖动时发声而命名。在明末刘侗、于奕正的《帝京景物略·春场》中载曰:"空钟者,刳木中空,旁口,荡以沥青,卓地如仰钟,而柄其上之平。别一绳绕其柄,别一竹尺,有孔度其绳,而抵格空钟,绳勒右却,竹勒左却,一勒,空钟轰而疾转,大者声钟,小亦蛞蜣飞声,一钟声歇时乃已。制径寸至八九寸。其放之,一人至三人。"[1]这段记载非常形象地将空竹的特征和玩法描述出来。空竹是

▲ 空竹

宫廷所用的空竹与民间的并没有大的差别,只是在外表装饰上更为讲究。一般多通体彩绘,如红色底上饰喜鹊登梅,再染绿色边,色彩对比强烈,使普通空竹增添了几分艺术气息。也有的不施色彩而用材质本色,以凸显其几分古朴的情调。

---

[1] (明)刘侗,于奕正:《帝京景物略》,北京古籍出版社1983年。

用直径10～15厘米的竹筒，两边封上木板，沿周沿开小口，作为底盘，中央安一中间有细腰的木轴。用两竹棍拴线，缠在木轴上抖动，左右摇摆，声音错落有致。

自空竹问世以来，在听声的同时，更讲究其抖的技巧。早在明代就有扔高、呲竿、换手、一线二、一线三等多种形式。至清代花样翻新的玩法中常见的有"金鸡上架""翻山越岭""织女纺线""夜观银河""二郎担山""抬头望月""鲤鱼摆尾""童子拜月""鹞子翻身""彩云追月""海底捞月""蚂蚁上树""青云直上""猴爬杆""张飞骗马"等。孙殿起在《琉璃厂小志》中载曰："空竹又名空钟，能抖出各种花样，摆摊人均擅此技，借此以广招徕。"[①]可见当时民间空竹艺人抖空竹的花样繁多。在光绪十二年李若虹编著的《朝市丛载》中有《厂甸正月竹枝词》12首，其中有专门描写空竹技巧的"抖起空竹入云表"，这种"扔高"技法是较有难度的一类。

空竹在明清时期的北京地区广为盛行，《帝京景物略》中有"杨柳青，放空钟。杨柳死，踢毽子"之说。在《燕京杂记》中载曰："京师儿童，有抖空竹之戏，截竹二短筒，中作小干，连而不断，实其两头，窍其中间，以绳绕小干，引两头搂抖之，声如洪钟，甚为可听。"[②]这种简易的空竹很适合儿童玩耍，成为非常受欢迎的节令玩具。

---

① （民国）孙殿起辑：《琉璃厂小志》，北京古籍出版社1982年。
② （清）佚名著，骈宇骞点校：《燕京杂记》，北京出版社2018年。

2. 清宫廷的空竹游戏

明宫廷虽然未能留有空竹的实物，但抖空竹作为装饰题材却出现在宫廷用器物上。明代永乐年制剔红漆盒上，一童子动作娴熟地抖空竹，其声震耳欲聋，使得另一童子捂耳观看。又明末定陵出土的孝靖皇后的陪葬物中，两件刺绣百子图的女式夹衣，其背面绣有婴孩放空钟图。只见两童子挽臂并肩，相互配合，正在合力施放一个大型的空钟，依其二童合力玩耍的特点当是"地轴"。不同形式画面从侧面反映出明代空竹之戏的普及与时尚性。清代，宫廷每年备有一定数量的空竹，从结构上分单轮（木轴一端为圆盘）和双轮（木轴两端各有一圆盘）。哨音圆盘分为双响、四响、六响等。外表通体彩绘，如红色底上饰喜鹊登梅，再染绿色边，色彩对比强烈，使普通空竹增添了几分艺术气息。也有的不施色彩而用材质本色，以凸显其几分古朴的情调。清宫廷中小空竹是为皇子皇孙们准备的，至清晚期则是小皇帝的玩具。故宫紫檀嵌螺钿木箱上婴孩抖空竹图，当是清宫皇子皇孙乃至小皇帝抖空竹情景的真实写照。

宫中大空竹是后妃们的玩物，她们在赏玩时，不单是抖出响声，而且还能标准地抖出瑶子翻身、飞燕入云、响鸽铃等复杂动作。一首《竹枝词》中描述到："上元值宴玉熙宫，歌舞朝朝乐事同。妃子自矜伸手好，亲来阶下抖空中。"字里行间透出对清宫妃嫔擅长空竹技巧的赞美。

第五节 翠翘红袖蹴秋千——荡秋千

1. 秋千溯源

春季中与放飞风筝相提并论的游戏活动是荡秋千。追溯秋千之戏,据《事物纪原》中"本山戎之戏也,自齐桓公北伐山戎,此戏始传中国"[1]的记载,可知秋千最早当是北方山戎用于军事训练的一种器械,齐桓公讨伐山戎,将其传入中原。此器械谓之"秋千"之名,则另有来源,唐代高无际的《秋千赋序》曰:"秋千者,千秋也。汉武祈千秋之寿,故后宫多秋千之乐。"进入中原的秋千,受到帝王的赏识,并寄托长寿的美好愿望,贯以雅名,从客观上促成了秋千之戏的兴盛。

春季蹴秋千,在古籍中有明确的记载。《五礼通考》载曰:"上元结灯楼,寒食设秋千。"荡秋千者多为女性,《开元天宝遗事》卷二记载:"天宝宫中至寒食节竞竖秋千,令宫嫔辈戏,笑以为宴乐,帝呼为半仙之戏,都中士民因而呼之。"[2]可以想见,在小径红稀、芳草初绿的风光中,婀娜的宫娥淑女身着彩装随秋千上下游动,翩翩起舞,尤其在长发丝、衣带的点缀下,似仙女下凡,美不胜收。难怪被帝王称为"半仙之戏"。正如苏东坡《蝶恋花》所言:"墙里秋千墙外道,墙外行人,墙

---

[1] (宋)高承:《事物纪原》,中华书局1989年。
[2] (五代)王仁裕撰:《开元天宝遗事》,卷二,上海古籍出版社1985年点校本。

里佳人笑。"宋代，在荡秋千的活动中派生出具有杂技性质的"水秋千"。《东京梦华录》记录了北宋崇宁年间的一次水秋千的表演："有两画船上立秋千，船尾百戏人上竿。左右军院、虞侯、监教，鼓笛相和。又一人上蹴秋千，将平，架筋斗掷身入水，谓之水秋千。"[1] 在水秋千表演中，人员阵容庞大，设备壮观，以乐器伴奏，演技复杂而略带惊险，秋千之戏发展到一个新阶段。《析津志》记载："辽俗最重清明，上自内苑，下至士庶，俱立架秋千，日以嬉戏为乐。"[2] 可见当时秋千游戏之盛。到元代，《日下旧闻考》记载，宫中的秋千活动更注重装饰，其架系以彩色绳子，妃嫔们身着金丝线绣的秋千装，再配以彩绣荷包、花结等饰物，双双对对在空中游荡，其间金光闪烁，如五彩云飞，令人目不暇接。明代，秋千依然盛行。《酌中志·饮食好尚》中记载："清明，则'秋千节'也，带柳枝于鬓。坤宁宫及各宫，皆安秋千一架。"可见当时宫廷内秋千之戏非常盛行。

▲ 绿色底洒线绣仕女秋千图经面

在这件织绣品中，两女子在做秋千之戏，边上有侍女服侍，展现了女子荡秋千的轻盈之态。

---

[1]（宋）孟元老：《东京梦华录》，卷八，中华书局1982年。
[2]（元）熊梦祥：《析津志》，北京古籍出版社1983年。

2. 清宫廷的秋千之戏

清朝，宫廷的秋千之戏别具特色，这与皇帝们提倡、崇尚此活动有直接的关系。清初，康熙帝平定台湾郑氏后，御史黄叔璥巡查台湾，著有《台海使槎录》一书特别指出："今习已尽易。妇俱以秋千为戏，各社户前因大树缚藤纵送为乐，日夕歌唱不绝于口。"作者如此赞颂当地民风的改变，反映了朝廷视荡秋千是合乎礼仪规范的。

宫廷对秋千活动的倡导，同样也体现在后妃的日常娱乐活动之中。清雍正年宫廷画家焦秉真创作《仕女图》，其中一幅画上数名妃嫔身着彩色便装荡秋千。在绿草如茵、翠柳遮蔽、亭榭相伴的皇家园林美景之中，"植木为架，上系两绳，下拴横板"，一宫妃立于板上，由两名女子推动而"荡"起来。由画面可知画家刻意描绘了立于秋千上的宫妃动而不乱、风姿雅致的淑女形象。在任熊的《姚大梅诗意图册》中，在宫廷园囿里"植两柱于地，柱端各开一孔以客横木，横木左右端各凿交错之孔，贯四木于孔，令呈辐射状，垂绳于下，以架坐板"。在形如纺车的秋千前，数名妃嫔身着彩装，其中一人坐其上，另有三人拉绳助之转动，然后利用惯性反复起落，如纺车之转动。又如在《胤禛行乐图》中，宫苑后方的院落内，有一红木秋千架，一人已将秋千高高荡起，众人驻足观看，正是"满院晓烟闻燕语，半窗晴日看蚕生。秋千一架名园里，人隔垂杨听笑声"。

皇帝的小玩具

乾隆时期，宫廷画家陈枚绘《月曼清游册》，其牙雕制品中三月景册为"荡秋千"图，乾隆皇帝御题："清明时节杏花天，岸柳轻垂漠漠烟。最是春闺识风景，翠翘红袖蹴秋千。曲池风静镜澄波，丝柳青输两鬓螺。未许人间轻比似，壶中游戏半仙娥。"他用细腻的笔调，描绘了宫廷每逢春季，后妃便掀起秋千戏热高潮的场景。

▲ 牙雕月曼清游三月景册·秋千

画中展现的是官苑中女子做秋千之戏的情况。一女子在荡秋千，众女子周边围观。杨柳随风依依，官娥体态苗条，正如御制诗中所提到的"未许人间轻比似，壶中游戏半仙娥"。

在清代，随着中外文化交流的频繁，西洋秋千开始在宫廷出现。如在清宫造办处活计档案中记载，乾隆九年"九月初九日，清宫造办处奉旨，热河搭盖大蒙古包，并安设转云游、西洋秋千"等语。这表明至迟到清中期，宫廷在避暑山庄举行的宴请活动中，就已有荡秋千的表演活动或以秋千为道具的类似杂技的表演。在《热河筵宴图》中就有关于西洋秋千的描绘，从绘画中我们可以看出，这种西洋秋千较中国传统的秋千更为高大，表演难度更高。

在清人画《弘历元宵行乐图轴》中也描绘了这种高大秋千。宽场的庭院内，竖一架高大的木架，顶部饰一方形的灯，木架两侧皆可上人，完全可用于实现空中高难度的动作，它与热河

▲ 弘历元宵行乐图轴（局部）

描绘的是乾隆皇帝与皇族子弟在宫苑内庆贺元宵节的场景。绘画中有高耸的秋千，皇子们在秋千下嬉戏。

筵宴中所设的秋千有异曲同工之妙。这种盛行的西洋秋千，继宋代后又一次将秋千娱乐的技巧推向更高难度。

至清末，宫廷仍根据需要安装秋千。《清宫述闻》载："翊坤宫廊下有秋千，今尚存，逊帝时安设。"[1] 至今翊坤宫的廊下仍留有当年悬挂秋千的大铁环。其实，若漫步于紫禁城的西六宫，细心留意廊下挂秋千的原配大环，恐不止一处。此外，故宫博物院现收藏一幅当年供后妃嬉戏的木秋千座板，呈长方形，长60厘米、宽15厘米、厚2.5厘米。秋千座板两侧附直径8.5厘米的铁环，上系直径2厘米的粗棉绳，应是清晚期后妃所用的实物。

第六节　雨龙跃出浮水来——舞龙舟

1. 端午节习俗

五月初五为中国传统的端午节。《太平御览》有"仲夏端午。端，初也"[2] 的记载。端为开始的意思；午有午时之意，

---

[1]（民国）章乃炜撰：《清宫述闻》，紫禁城出版社2009年。
[2]（北宋）李昉：《太平御览》，中华书局1960年。

又与"五"谐音,故将五月初五定为端午节。端午节在五月之初,时值骄阳,天气烦热,所以端午又被称作端阳,是夏季到来的标志。关于端午节的由来,一般说法是为了纪念战国时期的爱国诗人屈原。南朝梁代的吴均在《续齐谐记》中记载:"屈原五月五日投汨罗水,楚人哀之,至此日以竹筒子贮米,投水以祭之。"[1]五月五日成为人们祭奠屈原的日子,后逐渐演变成为时令节日。

按照中国传统习俗,人们在端午节这天为摆脱种种厄运而采取防御措施,饮药酒、插药草、驱五毒。同时,也开展龙舟竞渡活动。关于龙舟竞渡的起源,普遍认为其应是一种宗教性的娱乐活动。《淮南子》中有"龙舟鹢首,浮吹以娱",即把船装扮成龙的模样,敲打着锣鼓在湖上划行,是祭祀河伯和雷神,取悦他们,以求祈求丰收和保佑平安。后随着赛龙舟的普及,它逐渐成为一种比赛形式。

中国古代端午节有射柳的风俗。射柳,即以弓箭射悬于柳树上的物体而得名。辽代射柳用特制的"无羽横镞箭",可以射断纤细的柳枝。元代将军张弘范有《射柳》诗盛赞这种游戏:"年少将军耀武威,人如轻烟马如飞。黄金箭落星三点,白玉开弓月一围。"[2]清人查慎行在《人海记》中记载:"永乐中,禁中有鬌柳之戏,即射柳也。元人以鹁鸽贮葫芦中,悬之柳上,弯弓射之。矢中葫芦,鸽飞出,以飞出之高下为胜

---

[1] (梁)吴均:《续齐谐记》,上海古籍出版社1988年。
[2] (元)张弘范:《射柳》,载《四库全书·集部·淮阳集》。

负，往往会于清明、端阳。"[1]这种射柳比较复杂，适用于射术较为精湛的游牧民族，后射柳游戏逐渐简化，成为一种仪式性的娱乐活动。明人陆启浤在《北京岁华记》中记载："端午日，天坛击球决射，古来射柳遗意。"[2]明人沈德符在《万历野获编·补遗卷》中记载："今京师端午节尚有射柳之戏，俱在天坛，俱勋戚，中贵居多。各边文武大帅，例亦举射。行宴犒礼。"[3]清代北京地区仍有射柳之戏，在《帝京岁时纪胜》中记载："帝京午节，极盛游览。或南顶城隍庙游回，或午后家宴毕，仍修射柳故事，于天坛长垣之下，骑射走解。"[4]清代射柳游戏兴盛，其因有继承传统之意，还与清皇室为满族人有关。作为入主中原的北方游牧民族，演习骑射仍旧是一种重要的学习技能的形式。清朝历代皇帝都比较善射，这也是统治者游牧民族特性的一种体现。

由采药发展而来的斗草、郊游、沐浴等体育活动也成为端午节重要的组成部分，这其中斗草尤为普遍。斗草，又叫"斗百草""拔根儿"等，是以各种花草相斗决定胜负的游戏，南北朝时期开始形成，后逐渐为各个阶层所喜爱，成为端午节人们喜闻乐见的一种节日游戏。白居易有"弄尘复斗草，尽日乐嬉嬉"句，司空图在《灯花诗》中有"明朝斗草应多喜，篛得灯花自扫眉"句。清代，斗草游戏盛行于民间，并演变出多种变

---

[1]（清）查慎行：《人海记》，北京出版社1961年，第102页。
[2]（明）陆启浤：《北京岁华记》，载《中国古籍善本书目·史部》
[3]（明）沈德符：《万历野获编·补遗卷》，中华书局1959年。
[4]（清）潘荣陛：《帝京岁时纪胜》，北京出版社1961年，第6页。

皇帝的小玩具

种游戏,如《红楼梦》中的斗草游戏。民间的斗草游戏则相对简单,对局二人各持一草,相交后用力回拉,拉断方判输,适合民间百姓游戏。贵族射柳,平民斗草,各个阶层都有适合自己的游戏方式庆祝端午。达官贵人"高肩大轿风奔驰,五侯七贵相迎送",前呼后拥,声势浩荡;百姓则"青枝满地花狼藉,知是儿孙斗草来",自娱自乐,情趣盎然。

端午节最重要的体育活动是龙舟竞赛,它也是延续至今的体育项目之一,深受我国人民的喜爱。关于龙舟竞渡的起源,闻一多先生认为,它是一种宗教性的娱乐活动,是古越族祭祀龙图腾的一种仪式。《淮南子》中有"龙舟鷁首,浮吹以娱"的记载,清人余有丁有"龙舟鷁首悦河伯,浮吹枞鼓娱雷神"句,即把船装扮成龙的模样,敲打着锣鼓在湖上划行,祭祀河伯和雷神,取悦他们,祈求他们保佑丰收和平安。唐代,端午龙舟竞赛已经成为一种规模庞大的娱乐竞技活动。诗人张悦描述唐代龙舟竞赛时感叹"画作飞凫艇,双双竞拂流。低装山色变,急棹水华浮""鼓发南湖槎,标争西驿楼。并驱常诧速,非畏日光遒"。龙舟

▼ 元人画龙舟夺标图轴(局部)

取材于北宋崇宁时期三月三日皇室在宫廷后苑金明池举行龙舟竞渡的场面。池边杨柳依依,宽阔的水面上龙舟竞渡,水手们奋力摇动橹桨,龙舟疾驰。透过龙舟上的猎猎旌旗、橹桨旁深深的水波纹,观者足以感受到宫廷龙舟竞赛紧张而热烈的气氛。

速度之快，竞赛场面之壮观，令人咋舌。赛龙舟到宋代已经颇为壮观，由佚名绘画的《龙舟夺标图轴》，取材于北宋崇宁时期（1102—1106）三月三日皇室在宫廷后苑金明池举行龙舟竞渡的场面。图中皇家殿宇巍峨，宽阔的水面上呈现多只外形奢华的龙舟，划水手们奋力摇动橹桨疾驰，透过插在龙舟上的猎猎旌旗，橹桨旁深深的水波纹，观者足可感受到宫廷龙舟竞赛紧张而热烈的气氛。

到明清两代，龙舟竞赛的规模更加庞大，船只体积更加庞大，比赛队伍人数众多，观众人数众多，形成了所谓的"划龙船市"。清代北京城端阳节期间在河流上会举行规模庞大的龙舟竞赛活动，场面非常壮观。据《帝京岁时纪胜》记载："里二泗近张湾……前临运河，五月朔至端阳日，于河内斗龙舟，夺锦标，香会纷纭，游人络绎。"①

明清时期北京城过端午节可谓盛况空前，《帝京岁时纪胜·五月》记载："帝京午节，极胜游览。或南顶城隍庙游回，或午后家宴毕，仍修射柳故事，于天坛长垣之下，骋骑走解。更入坛内神乐所前，摸壁赌墅，陈疏肴，酌余酒，喧呼于夕阳芳树之下，竟日忘归。里二泗近张湾，有佑民观，中建玉皇阁醮坛，塑河神像……前临运河，五月朔至端阳日，于河内斗龙舟，夺锦标，香会纷纷，游人络绎。"②春游、射柳、祭神、赛龙舟，各种端午节游戏活动层出不穷，使人流连忘返。

---
① （清）潘荣陛：《帝京岁时纪胜》，北京出版社1961年，第5页。
② （清）潘荣陛：《帝京岁时纪胜》，北京古籍出版社1961年，第21页。

2. 清宫的龙舟游戏与玩具

对于宫廷来讲,端午节也是一个重要的节日。《啸亭杂录》记载:"乾隆初,上于端午日命内侍竞渡于福海中,皆画船箫鼓,飞龙舸首,络绎于鲸波怒浪之间。兰桡鼓动,旌旗荡漾,颇有江乡竞渡之意。每招近侍、王公观阅,以连上下之情。今上亲政

▲ 龙舟竞渡图

画中远处层峦叠嶂,近处亭台楼榭立于岸边,由此可以全方位地欣赏水面上龙舟竞渡的场景。

后,亦屡循旧制观之,然每以雨泽愆期。"[1] 这种君臣共度节日的做法,既可以欣赏欢娱节日,又可起到联系君臣感情的作用,可谓一举两得。

明清宫廷端午节也盛行龙舟竞赛,如《酌中志·饮食好尚》记载:"五月初五日,圣驾幸西苑,斗龙舟,划船。或幸万岁山前插柳,看御马监勇士跑马走解。"[2] 明人沈德符在《万历野获编·补遗卷》记载:"至禁中,则有走骠骑、划龙船二戏。上与宫眷临视,极欢。命词臣进诗词对联,颁赐优渥。"[3] 到清代,宫廷龙舟竞赛更趋程式化。《清朝野史大观》记载:

---

[1] (清)昭梿:《啸亭杂录》,卷一,中华书局2005年。
[2] (明)刘若愚:《酌中志·饮食好尚》,载上海古籍出版社编《明代笔记小说大观》。
[3] (明)沈德符:《万历野获编·补遗卷》,中华书局1959年。

▶ **龙舟竞渡图轴**

乾隆初,端午节在圆明园福海中进行龙舟赛事。远处群山连绵起伏,近处楼台亭榭掩映在树木之中。湖面龙舟竞发、疾驰。观者于湖边伫立远望,掩映于湖光树石之间。

"顺治十一年端午,招内大臣、大学士等乘龙舸,游西苑,至北桥登岸,幸南台欢宴至暮。自后遇午日,宫中每以龙舟酬次。乾隆间,五日则奉慈舆至御园观龙舟。圣驾在望瀛洲。王公大臣及内廷词臣,亦得与宴赏。其东则蓬莱瑶岛,皇太后观竞渡处也。嘉庆间,移于澄虚榭宴赏。高宗诗云:'中流九龙舟,谁肯相参差。'仁宗诗云:'九龙顺轨原无竞',据此可识龙舟之数。道光初年,尚沿竞渡故事,其后停止。"[1] 乾隆初年曾在端午节于圆明园福海中进行龙舟赛事,当时,箫声鼓声阵阵,旌旗招展,橹桨奋划,众多的龙舟在湖面上疾驰,一派热闹非凡的场景。这些龙舟船首多为飞龙鹢首造型,另有一只凤舟,这龙舟、凤舟内雕梁画栋,颇具皇家气派。乾隆

---

[1] (民国)小横香室主人撰,浊尘点校:《清朝野史大观》,中央编译出版社2008年。

▶ **象牙雕龙舟**

龙舟整体以象牙雕刻而成,共分三层,底层为划桨的水手,中间为欢聚的仕女,顶层有伞盖、凉亭。整个龙舟雕刻十分精细,将龙的神态生动刻画出来,龙舟内的人物栩栩如生。这是一件难得的象牙雕刻艺术品。

帝在此与大臣观看,有时也陪皇太后观看。面对激烈竞渡的场面,乾隆帝提笔写下《竞渡》诗:"此俗始荆楚,特以纪岁时。初因吊忠悃,相沿竞水戏。既闹旋亦寂,凭观有所思。我观竞之义,所包未可涯。"[①]从中我们可以看出,清代宫廷龙舟竞渡还是非常盛行的。此种情况从清初一直延续到清晚期,并伴随着清朝国力的衰弱而逐渐衰退。

每遇皇帝与家眷们庆贺端午而举行的龙舟竞渡时,皇宫中的子孙们也会收到一些应节令的玩具,其中的银龙舟,正是名副其实的端午节小玩具。小龙舟是典型的玩意儿。龙舟在有限的空间内,上置数人双手持桨,又有数人敲锣打鼓、手持七星旗。人物分别以弯腰、摆动胳膊,双手向上、向下,桨向后倾倒等造型,将比赛的意境刻画得淋漓尽致,其中人物表情又似有呐喊状,更烘托出激情取胜的气氛。银舟下附镂空云纹座,方便小主人不摆弄时可当陈设品欣赏。

除龙舟外,清宫中类似的玩具还有银龙船,也是水中游戏玩具。船上桅杆矗立,舱内设两层阁楼,内端坐数名官员,外

[①] (清)爱新觉罗·弘历:《御制诗初集·初集》,卷三十二。

▸ 银小龙舟

小龙舟为银质。在有限的空间内,龙舟上置数人双手持桨,又有数人敲锣打鼓、手持七星旗。人物分别以弯腰、摆动胳臂,双手向上、向下,桨向后倾倒等造型,将比赛的意境刻画得淋漓尽致,其中人物表情又似有呐喊状,更烘托出激情取胜的气氛。银舟下附镂空云纹座,可当陈设品使用。

有士兵持刀把守,另有杂役人员服务。船体为银制,船体周身饰波浪纹。在汹涌的海水中,奔腾着龙、海马、麒麟等水中神兽。船尾设有发条插空,插入钥匙,通过发条的作用将船开启,随之船底部的两个轮迅速地转动,加快船的行进速度。不下水时,可手推船体,利用底部两轮使之行走,这是一种水陆两用的玩具。

清宫中与水有关的玩具,还有捕鱼船,其设计题材源于海边渔夫劳动的生活情景。玩具中打鱼用的长方台、小型四方渔网、网中心撒的鱼饵以及收放各种渔具的仓库小房清晰可见。而一位年迈又富有经验的渔翁,正待撒网。这件清晚期形象逼真的渔船,不仅可平时供小皇帝玩耍,而且值端午节闹龙舟之际,也不失为契合节令的小玩具。

清宫中还有以宋代三月三金池闹龙舟为题材的陈设瓷瓶、瓷盘,画面上有参赛的、有欢呼雀跃着观看的,场面激动人心。从器物设计与纹饰内容推断,其当是清代官窑为宫廷应节令烧造的瓷器,旨在为端午节增添喜庆气氛。

第二章　节令玩具（下）

一年中时光进入农历六月以后，伴随辛勤的劳作，人们相继迎来七夕、中元、秋社、中秋、重阳、冬至等节令，围绕着这些节令而开展多项活动，朝野内外拜月、各种斗戏以及点画九九消寒图等活动相继展开。这些特有的风俗、文化情趣历代相延，与之相关的各种玩具也为节日游戏增色不少。清宫中各类玩具也为我们更好地认识这些节令习俗提供了实物见证。

第一节　红袍铠甲最巍峨——兔儿爷

1. 兔儿爷溯源

兔儿爷，是传统祭拜太阴神（月神）活动的产物。古人崇拜多神，先秦时有帝王春祭日、秋祭月的礼俗。此后有关月亮的神话不胫而走，《山海经》中记有嫦娥奔月的故事：后羿从

◀ 月中桂兔图

这是清代宫廷画家蒋溥的画作。画中以墨笔绘圆月,月中玉兔千笔画皮毛,焦墨点睛,神态生动。与周边的桂枝、桂花相映成趣。在题诗中有"广寒""重轮""冰轮"等皆为月亮和玉兔的隐喻。此图巧妙地将绘画、诗歌与书法艺术联系在一起。除了蒋溥自己的题诗外,还有乾隆皇帝御题诗及大臣刘统勋等人的应和诗,反映了君臣以诗画共赏仲秋明月的雅事。

西王母处求得长生不老之药,当他出兵攻打伯封时,将药托给妻子嫦娥保管,但嫦娥偷吃了仙药,尔后,其身子轻飘,竟像鸟儿一样飞到了月宫里。屈原在《楚辞·天问》中有:"夜光何德,死而又育?厥利维何,而顾菟在腹?"[①]自东汉王逸注《楚辞》开始,这里的"菟"就一直被认为是兔子。而民间流行的玉兔居月的故事则由来已久,北周庾信在《齐王进白兔表》中称兔子为"月德",唐朝人权得舆称兔子为"月精"。在文学作品中,兔子与月亮互为指代的例子非常多,如唐朝卢照邻在《江中望月诗》中有"沉钩摇兔影,浮桂动丹芬"之句。

---

① (战国)屈原:《楚辞·天问》,北京图书馆藏明正德十三年戊寅刊本。

皇帝的小玩具

经历代的逐渐积累演化，中秋节祭拜月神的活动内容逐丰富化。早先，摆供品于月光码儿，燃香与焚烧月光码儿以及赏月。自唐太宗李世民时，宫廷拜月中始有八月十五祭月、吃月饼的内容，宋代的《武林旧事》与《梦粱录》中有关于月饼的记载。而明代《酌中志》中有"八月，宫中尝秋海棠、玉簪花"①的文字，可见拜月活动更加丰富多彩。迨及清代，祭月活动在保留前人供奉内容的基础上，又增添了供奉与玩耍泥塑兔儿爷的内容。

清代民间为迎接拜月活动，工匠制作出大小不等的泥塑彩兔，俗称"兔儿爷"。《都门杂咏》有"瞥眼忽惊佳节近，满城争摆兔儿山"句，可见当时风气之盛。《燕京岁时记》记载："每届仲秋，市人之巧者用黄泥搏成蟾兔之像以出售，谓之兔儿爷。有衣冠而张伞者，有甲胄而带纛旗者，有骑虎者，有默坐者，大的三尺，小的尺有余。其余匠艺工人无美不备，盖亦而虐矣。"②从记

◀ 弘历观月图

该图描绘了乾隆皇帝在中秋夜赏月的情景。画中一轮明月悬挂天空，乾隆皇帝仰望星空，饮茶赏月，怡然自得。

① （明）刘若愚：《酌中志·饮食好尚》，北京古籍出版社1994年。
② （清）富察敦崇：《燕京岁时记》，北京古籍出版社1981年。

载中，我们可以看出当时仲秋时节，京师市面上有许多以泥塑成的兔儿爷形象，个个栩栩如生。又如潘荣陛在《帝京岁时纪胜》中所言"京师以黄沙作白玉兔，饰以五彩颜，千奇百状"。

由于中国传统的祭月习俗是由女性完成的，相应的对儿童拜月的影响也就非常深远。至节日当天，在皓月当空之际，全家人开始拜月。具体做法大致与名为《祀兔成风》的版画中描绘的那样。在宽敞的庭院中，主人设一长方形供桌，桌面摆放瓜果、糕点等供品，燃着香，其后是玻璃罩内是月光码儿，再后是主人特意叠落的高于桌面的高凳子，供奉着兔神塑像。桌前地面上置以圆形拜垫，以备家人在此向兔神叩拜。全家老少聚于拜桌前，大小两个孩童，手中或提，或高擎活泼可爱的兔儿爷。家中女性集于供桌前，而男子却站在供桌的侧面，这正体现了"男不拜月"的风俗。主人们燃香，跪拜后，将月光神码焚烧后，再撤供品，拜月活动结束。在祭祀的过程中，儿童将其对月亮的祭祀融入兔儿爷之中，正如明末纪坤在《花王阁剩稿》中提到的"京师中秋节多以泥抟兔形，衣冠踞坐如人状，儿女礼而拜之"。

2. 清宫的兔儿爷

清代，随着宫廷中拜月、赏月活动的进行，相应的兔儿爷也出现在宫廷中。故宫博物院现藏有清代的一些泥塑兔儿爷，这些藏品真实反映了当时小皇帝把玩兔儿爷的情形。这些清晚期宫廷的彩塑泥兔爷儿，造型不拘一格。大的50多厘米，

小的不足10厘米，多是由太监到市面上购买而来的。从这些兔儿爷实物看，艺人们竭尽夸张之能事，塑像中的兔爷儿有着人首、人脸、人身，但三瓣嘴、长耳的装饰，如画龙点睛般把兔爷儿的俏皮形象显现出来。他们手持捣药杵，身着红袍，外披铠甲，背面上插纛旗，活灵活现。虽然彩兔儿爷面孔、手持物大抵一致，但端坐物却有不同的含意。下面结合故宫所藏的几件晚清宫廷的兔儿爷为例具体来看。

兔儿爷a高30厘米，长21厘米，宽9厘米。粉底彩绘，兔儿爷头戴绿色头巾，身披红袍，手持捣药杵，端坐在莲花堆上，此兔儿爷拟化了关公的形象，英姿飒爽。莲花为中国传统纹样之一，是高洁雅致的代称，底座通体的绿色有勃勃生机之意，莲花反复缠绕，寓意"连绵不断"。此兔儿爷通体色彩艳丽明快，造型高雅别致，表现了人们世代追求美好生活的愿望。

▲ 兔儿爷a

兔儿爷又称彩兔，基本都是用泥塑彩绘做成。兔儿爷b高31厘米，长25厘米，宽8厘米，以文官形象出现，头戴官帽，身着官服，手持捣药杵，一手托住官带，横骑在梅花鹿上，神情憨态可掬。兔儿爷端坐在梅花鹿上，因"鹿"与"禄"谐音，禄指俸禄，进而引申为官职。所以鹿的形象常出现

▲ 兔儿爷b

在古代吉祥图案中，并称之为禄星。《论语》中就有"禄者，盛衰兴废也"，将小兔儿爷坐在禄星上，借以表达了人们期盼官运亨通之意。

在《燕京岁时记》中记载："每届仲秋，市人之巧者用黄泥搏成蟾兔之像以出售，谓之兔儿爷。"清宫中的兔儿爷也是从宫外购买的，这些彩绘泥塑兔儿爷造型不拘一格，但三瓣嘴、长耳朵的造型最为普遍，这也是从模仿兔子的造型而来的。兔儿爷 c 高 7.5厘米，长4厘米，宽3厘米，长耳朵，三瓣嘴，身着华丽的衣服，雍容华贵，应该是女性比较喜欢的一种。为便于小皇帝摆弄，那些较小兔儿爷的坐堆，多是随意塑造的，在有限的空间上加饰其他图案。此兔儿爷端坐于一城墙之上，侧翼有一骆驼，大有君临天下的感觉。

▲ 兔儿爷 c

兔儿爷作为一种节令性泥塑玩具，是儿童们祭月的"月神"象征物。清代的兔儿爷一般将兔儿爷人性化，注重五官的神情和衣着的华丽，于庄重中带有稚气，活泼可爱。兔儿爷 d 高7厘米，长3.5厘米，宽2.5厘米，两耳高耸，三瓣嘴紧闭，身着红色官服，手持捣药杵，端坐台上，憨态可掬。整个兔儿爷表情乖张，造型别致，色彩明亮。为弥补座位纹样的单调，艺匠着眼于用

▲ 兔儿爷 d

第二章 节令玩具（下）

色，浓艳色彩渲染可使拟人化的兔儿爷显得更加神采奕奕。

兔儿爷大约诞生于明朝中期，是民间为了祭拜嫦娥及玉兔而创作的一种游戏玩偶，在清代流行于北方，特别是京城。兔儿爷 e 高40厘米，长25厘米，宽17厘米，大眼睛，三瓣嘴紧闭，头戴缨盔，上插两根兔耳，身着盔甲，外罩红色披风，手持捣药杵，端坐于太师椅上，座下为莲花，整个兔儿爷造型威风凛凛，颇有将军气势。这种以武将为造型的兔儿爷很受男孩子的喜爱，被当作月神的象征，同时也表达了自己希望成为将军的愿望。

▲ 兔儿爷 e

总体来看，由于来源相同，都是由民间艺人制作的，清代宫廷的兔儿爷与民间兔儿爷并没有本质的差别。这些兔儿爷不仅是宫廷儿童祭月神的象征，同时也包含了表达个人诉求的深意。

第二节　戗金之盆斗双龙——斗蟋蟀

1. 中国古代的斗蟋蟀之戏

在古代，生长在大自然中的小虫，有些竟成为人们游乐、赏玩的对象，并逐渐形成所谓的"斗戏"，诸如斗鸡、斗鸭、斗鹅、斗鹌鹑、斗牛、斗蟋蟀等。这类游戏利用大自然给予的玩物，投资少，随处可得，且斗中有乐，富有竞技性，所以很受民间欢迎。这些游戏也走进了宫廷的大门，甚至成为宫廷中的流行游戏。在这些"斗戏"中，宫廷不仅讲究争斗的艺术水准，更配以价值千金的器皿。在这些"斗戏"中，最为出名的当属斗蟋蟀。

蟋蟀，又名蛩、促织、蛐蛐、虷孙等。蟋蟀在我国分布广泛，种类繁多，因其鸣声唧唧，好斗善扑而为人所熟知。我国斗蟋蟀的历史颇为悠久，《诗经》中有"蟋蟀在堂"的句子，陆机对其的解注为"七月在野，八月在宇，九月在户，十月蟋蟀入我床下"，或可说明当时斗蟋蟀已经成为一种娱乐方式。中国古代宫廷也有斗蟋蟀的传统，在《开元天宝遗事》中记载："每至秋时，宫中妃妾辈皆以小金笼提贮蟋蟀，闭于笼中，置之枕函畔，夜听其声，庶民之家皆效之也。"[1] 在《负暄杂录》中记载："斗蛩之戏，始于天宝，长安富人刻象牙笼蓄之，以万金付之一斗。"[2] 此说明最晚在唐代，宫中已经开始饲养蟋蟀并将其作为一种娱乐活动。从记载看，当时盛装蟋蟀多用小金笼或象牙笼等，这与后世的蛐蛐罐还是有所不同的，但也只有宫廷、贵族之家才能用得上如此高端的器具，普通的百姓则多用竹篾、高粱葨等编织的笼子。

进入宋代，斗蟋蟀之风首先于王孙、贵族、官僚阶层之中盛行。如南宋的贾似道，此人为宋理宗时期的宰相，为政残

---

[1]（五代）王仁裕撰：《开元天宝遗事》，卷一，上海古籍出版社1985年点校本。
[2]（宋）顾文荐：《负暄杂录》，《四库全书·子部·杂家类》。

皇帝的小玩具

暴，祸国殃民，是著名的奸相之一。但此人对蟋蟀却颇有研究，他在西湖边建造了一座名为半闲堂的别墅，专门用于斗蟋蟀；还编辑关于蟋蟀的专著《促织经》二卷，对蟋蟀种类、识别方法和相斗等进行了较为详细的记录和说明，为后世研究蟋蟀提供了一定的借鉴。宋人绘画的婴戏图中也有斗蟋蟀的场景。秋季到了，在一颗枝繁茂盛的大树下，三婴孩正蹲坐着聚精会神地斗蟋蟀，另有两童捧罐、提篓来加入斗戏。地上摆放着多个蛐蛐罐，三孩童姿态各异，身着红上衣的小童，几乎倾倒于地，另两小童也向罐处探身，他们的小手均指向蟋蟀罐，可见，蟋蟀的争斗引起了他们的极大兴趣。从婴孩身前、身后数多个蛐蛐罐来分析，秋季斗蟋蟀是宋代儿童们游乐活

▲ 蛐蛐罐

明清时期，斗蟋蟀之风盛行。与斗蟋蟀相关器具的制作在明清宫廷也达到鼎盛，不仅选料上乘，工艺精湛，还出现了专门制作斗蟋蟀器具的名家，如故宫现存的一些蛐蛐罐上都刻有"古燕赵子玉造""王亮公制""静斋主人盆"等专门字号的工具，上图蛐蛐罐就是制罐名家赵子玉的作品。

◀ 婴戏图·斗蟋蟀

婴戏图是描绘儿童游戏的画作，多用于反映太平盛世的场景。明清时期，婴戏图作品趋于鼎盛，画中婴童从简单的一两个幼童发展到十余个甚至上百个，这些婴童神态各异，惹人喜爱。这幅婴戏图中的儿童正在斗蟋蟀，神态专注，他们身旁放置捕捉蟋蟀的网罩和蛐蛐罐等。

动之一，而且他们也往往是擅长此戏的小行家。

继宋代后，明朝百姓养蟋蟀之事大致是"是月（农历七月），始斗促织，壮夫、士人也如之。都有场，场有主者。其养之，有盆、罐，无家不储焉"，可见当时斗促织的盛况。清代沿袭明代之风气，斗蟋蟀之戏蔚然成风。袁宏道的《促织志》有"京师人至七月、八月间，家家皆养促织，瓦盆泥缸，遍市皆是。不论老幼男女皆引逗为乐。此风至今不衰，更有以胜负赌博金钱的"①。《繁胜录》记载："都民好养促织，或用银丝为笼，或作楼台为笼，或用黑退光笼，或瓦盆竹笼，或金漆为笼，板笼甚多。每日早晨，多于官巷南北作市，多有三、五十人伙斗者，乡民争促，入城货买，每日如此，九月尽，天寒方休。"②明清时期，京师中还出现了专职司虫（养蟋蟀）的人，称之为把式，水食调养，各有师傅，酬金甚丰。从捉、养到斗，到器具制作等，斗蟋蟀之戏形成了一条完整的产业链。

2.明清宫廷的斗蟋蟀之风

"秋风吹入甘泉宫，内监催进小金笼。日高红桂开帘栊，君王雅爱观斗蛩。戗金之盆斗双龙，蟋蟀瞿瞿紫禁中。才人喝彩声隆隆，千金一掷争雌雄。王公大笑嘉距跃，仿佛巨鹿秦楚攻。或是吴江之溃卒，八千皆化为成虫。争先振翅鼓余勇，微物亦解羞笼东。临轩岂轼怒蛙意，内操教战毋乃同。君不

---

① （明）袁宏道撰：《促织志》，《四库全书·子部·谱录类》。
② （宋）西湖老人撰：《繁胜录》，《永乐大典》辑本。

见苏州太守五花骢,千个直比捕虎功。"这是明代宣宗时期广为流传的一首诗,写的是宣宗皇帝在天下征召蟋蟀并在紫禁城斗蟋蟀的故事。

明清时期,蟋蟀之风蔚为盛行,宫廷斗蟋蟀之风尤盛。特别是明宣宗,因其酷爱斗蟋蟀而又被称为"促织天子"。明宣宗即位之时已经27岁,可对蟋蟀却怀着一颗痴迷不已的童心。尽管玩过各种各样的游戏,但宣宗最喜欢的就是斗蟋蟀,宣宗斗蟋蟀上瘾,遣宦官四出寻找上好的蟋蟀,带回宫中比赛角斗。他常与宦官宫人围成一圈,将两只蟋蟀放入圆盆中,令其振翅相斗,上下搏击,直斗得一只败阵逃走,一只得胜穷追,围观的宦官宫女不住地鼓掌起哄,宣宗则像个顽童一样兴奋不已。宣宗在玩蟋蟀上可谓"精益求精",他嫌弃北京一带的蟋蟀体型较小,便特地派宦官到地力肥沃的苏州去采办优质蟋蟀,还密令苏州知府况钟协助办理:"敕苏州知府况钟:比者内官安儿、吉祥采取促织,令他所进数少,又多有细小不堪的,已敕他末后运自要一千个。敕至,尔可协同他干办。"皇帝竟然为了蛐蛐,正儿八经地下令地方官协助采办,确实荒唐可笑。但君命难违,地方官只得向下民摊派任务,使得江南百姓不得不到处翻墙倒瓦,铲草挖土以寻蟋蟀,不能亲自找寻的,便纷纷出钱购买,一时蟋蟀价格猛涨,堪比黄金。据说当地枫桥有个粮长(办理征粮的官员),在市场上看见一只优质蟋蟀,为了完成上司摊派的任务,不得不用自己的马来交换。拿回家后,他的妻子好奇一匹骏马只换得一只蟋蟀,便想看一下,不承想刚一打开笼子，那只蟋蟀竟跳了出去，逃跑了。妻子见闯下大祸，怕丈夫责罚就上吊自杀了。粮长既失掉皇帝的贡物，又丧失亲人，也跟着自杀身亡。清代蒲松龄根据这个故事创作了《聊斋志异》中的名篇——《促织》，讲述的是明代宣德年间，宫中盛行斗蟋蟀，导致百姓家破人亡的故事。故事的主人公成名，因蟋蟀而发狂，在得到一上好蟋蟀而准备进献之时被其子不慎放跑，其子因害怕责罚而跳井身亡，后变身蟋蟀。"宣德间，宫中尚促织之戏，岁征民间。此物故非西产，有华阴令欲媚上官，以一头进，使试斗而才，因责常供……里胥狡黠，假此敛丁口。每贡一头，辄倾数家之产。"① 一只蟋蟀致使百姓破产，可见"蟀贡"之害。

清代宫廷中豢养蟋蟀之风也很盛行，据时人记载："本朝南花园内，于秋时收养蟋蟀。"《养吉斋丛录》中记载："清宫除夕及新正宫廷筵宴，以绣笼贮秋虫置于筵侧，盖自康熙时始也。时奉宸园之北小花园内监，以秋虫之子育之温室，如唐花然，遇筵宴则以承应。自后随循行之，为恒制。"② 这两段记载明确告诉我们，清宫中豢养蟋蟀等秋虫的历史从康熙时期开始，且已经形成制度。豢养蟋蟀的地点在奉宸园之北的小花园，又称南花园，时间从每年的秋天持续到元宵节，豢养蟋蟀等秋虫的主要目的是承应筵宴和娱乐。在《清宫词·鳌山蛩声》中描绘了这一场景："元夕乾清宴近臣，唐花列与几筵

---

① （清）蒲松龄著，王昌定改：《聊斋志异·促织篇》，天津人民出版社2011年。
② （清）吴振棫撰，童正伦点校：《养吉斋丛录》，中华书局2005年。

平。秋虫忽向鳌山底,相和宫嫔笑语声。"就是说在元宵之夜,皇帝在乾清宫筵宴近臣,承应的蟋蟀发出的阵阵鸣叫以为凑趣,引来妃嫔们阵阵笑声。除了承应之用,清宫斗蟋蟀之风亦盛,慈禧太后就曾在颐和园召集近臣王公、福晋等斗蟋蟀。时有《清宫词·养蟋蟀》为例,"宣窑厂盒饤金红,方翅梅花选配工。每值御门归殿晚,便邀女伴斗秋虫"。此诗非常形象地描绘了清宫的太监宫女们日常以斗蟋蟀为乐的故事。

3. 明清宫廷斗蟋蟀的器具

王世襄先生在《秋虫六忆》中说,"收""养""斗"是玩蛐蛐的三部曲,"收"包括捉和买。捉所用的工具是金属网罩,现在故宫博物院珍藏的清宫所用的捕蟋蟀网罩,与民间所用网罩并无差异,也是以铜、铁等金属编制而成。如现存的一件网罩,高13厘米,口径8.5厘米,手柄处以白线或细竹片缠绕,很适合捕捉蟋蟀。当然,宫廷没有买蟋蟀之说,均是由地方官进献或由宫廷饲养,如明宣宗等皇帝向地方征贡蟋蟀以为逗乐。清代,宫廷不仅捕捉蟋蟀,且在宫中豢养蟋蟀。

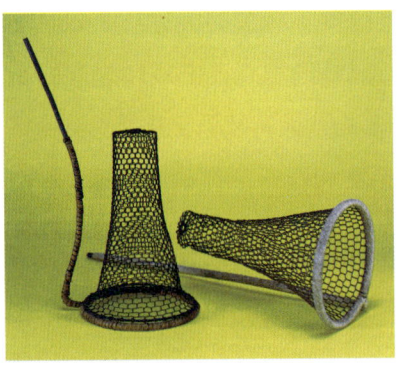

◀ **捕蛐蛐网罩**

故宫博物院珍藏的清宫所用的捕蟋蟀网罩。其高13厘米,口径8.5厘米,一端开阔口,一端闭口,较狭,手柄处以白线或细竹片缠绕,很适合捕捉蟋蟀。

康熙皇帝有一首《洛纬养至暮春》的五律："秋深厌聒耳,今得锦囊盛。经腊鸣香阁,逢春接玉笙。物微宜护惜,事渺亦均平。造化虽流转,安然比养生。"王世襄先生认为,康熙皇帝所说的秋虫就是在宫廷内经过人工孵育出来的,因为天然的秋虫,无论如何也活不到第二年的暮春。乾隆也有《咏洛纬》诗并序言存世。在序言中记载:"皇祖时,命奉宸苑使取洛纬种,育于温室,盖如温花能开腊底也。每设宴则置绣笼中,唧唧之声不绝,遂以为例云。"这说明从康熙到乾隆,宫中豢养蟋蟀之事一直延续下来,并成为定例。

在《清宫词·养蟋蟀》中有"宣窑厂盒戗金红"句,讲清宫中斗蟋蟀所用的蟋蟀盆。蟋蟀盆,又称蛐蛐罐、促织盆等,是养斗蟋蟀所用的工具,从种类上看有斗盆、小罐、小缸罐、大罐、过笼、水槽等,从质地上看有瓷质、玉质、陶制、雕漆和戗金等。"宣窑厂盒戗金红"指宣窑制作的戗金工艺的蛐蛐罐。明清两代,由于斗蟋蟀的盛行,宫廷保存了大量制作精美的蛐蛐罐。有明代"大明宣德年制款仿宋汝釉蛐蛐罐"、明代"万历款五彩海水云龙纹六棱蟋蟀罐"、明代"隆庆款青花云龙纹蟋蟀罐"、清康熙"青花博古蟋蟀盖罐"、清同治"胭脂红底粉彩诗文松竹梅图蟋蟀罐"等,这些蛐蛐罐多是官窑专门为宫廷烧制的,其制作工艺精湛、纹饰精美。我们以清代同治时期的"胭脂红底粉彩诗文松竹梅图蟋蟀罐"为例来看,该蛐蛐罐共有大小11件,1件大罐,10件小罐,罐罐相套。大小罐的造型、纹样相同,均为紫红色釉底的圆筒形蛐蛐罐。其中大

罐为斗蟋蟀所用的斗罐，小罐为养蟋蟀所用的养罐。这套蛐蛐罐还附有一长2.8厘米、高6.5厘米的瓷牌，一面为彩绘的二龙戏珠纹，一面上画红线用于记录参加争斗蟋蟀的名字、重量、参赛次数、斗赛成绩等，类似于现在体育比赛中的检录成绩表。在养罐内有一小小的水槽，内盛水以供蟋蟀饮用。还有一长6.5厘米、高3厘米的小过笼，上面彩绘松竹梅和洞石，后开光内墨书"岁寒三友"四字。一般将过笼放置于养罐一侧，雌雄蟋蟀从中间来回穿梭，同时也做洞房使用。大罐、小罐、水槽、瓷牌、过笼，这是一套完整的养斗蟋蟀的工具。据该蛐蛐罐装饰的龙纹推测，应该是皇帝日常斗蟋蟀时使用的御用蛐蛐罐。

  明清时期，蟋蟀因多而易捕，蓄养简单，争斗激烈而成为社会上一项流行的娱乐活动。明清宫廷的斗蟋蟀之风盛行不仅与社会风气相关，同时也与皇帝个人的喜好相关，明宣宗甚至都得到了"促织天子"的称号。与斗蟋蟀相关的器具在明清宫廷也达到鼎盛，不仅选料上乘，工艺精湛，还出现了专门制作斗蟋蟀器具的名家，如故宫现存的一些蛐蛐罐上刻有"古燕赵子玉造""王亮公制""静斋主人盆"等专门字号，这也从侧面说明了当时斗蟋蟀之风的盛行。

第三节　凌红消尽幽庭春——九九消寒

  冬至是我国的二十四节气之一，也是重要传统的节日。

古代冬至节习俗，上起百官朝贺，吉服放假，下至百业停工，互相宴请，馈赠礼品，甚至有"冬至大如年"之说。清宫中将冬至与元旦（春节）和万寿（皇帝的生辰）并成为三大节，是宫廷最为重要的节日之一。自冬至日开始一个重要的习俗是数九，"数九"又叫"交九"，是以进入冬至日计算，每过九天为一九，直至九个九，"九九八十一天"后，已是春回大地，桃花盛开的时节。关于数九的习俗，在《荆楚岁时记》中有"俗用冬至日，数九九八十一，为寒尽"的记载，可知其起源甚早。这一习俗的形成，实为冬至午时（确切的是中午12点）太阳位置最低，投向大地的日影最长，白昼最短，黑夜最长，因而进入一年中寒冷的季节。面对肃杀的阴冷，又认识到从冬至起，日后每一天寒冷中，也是步步走向次年的新春，于是人们采取不同娱乐形式期盼着春的到来。诸如数九歌、消寒绘画、消寒诗歌及消寒图等。这种活动不仅在民间广为流传，宫廷也是乐此不疲，尤以明清两朝为甚。

1. 数九歌与九九消寒图

数九歌在全国各地流传非常广泛，人们按照农事物候和当地的风俗习惯，编排出具有各自不同地域特色的数九歌。在我国北方流传最广的数九歌是"一九二九不出手，三九四九冰上走，五九六九沿河看柳，七九河开，八九燕来，九九加一九，耕牛遍地走"。数九歌简单通俗地将节气与自然的寒冷程度、相关的景物变化联系起来，使人们能够非常清晰地了解物候的变化，又因朗朗上口，所以广为流行。在《帝京景物略》中记载的数九歌则以当时贫苦人民的生活为题，"一九二九，相唤不出手。三九二十七，篱头吹觱篥。四九三十六，夜眠如露宿。五九四十五，家家堆盐虎。六九五十四，口中呬暖气。七九六十三，行人把衣单。八九七十二，猫狗寻阴地。九九八十一，穷汉受罪毕，才要伸脚睡，蚊虫虼蚤出"①。这些反映了当时社会下层人民随着温度变化生活随之发生的状况。总的来看，不同地区的数九歌虽然说法不一，但都离不开反映冬去春来季节变化和对生活、耕作等场景的描写。人们还根据数九歌与节气的变化规律，逐渐总结出了一些谚语，如"春打六九头""雨雪连绵四九天"等，都是为了帮助人们根据节令和气候的变化，更好地及时调整生产生活。

随着习俗的不断演变，民间又产生了"九九消寒"的习俗。据传说这种习俗来源于南宋爱国志士文天祥，他被俘押到京城后，时值冬至日，他便在牢狱的墙壁上画了一株梅花，共有九枝，每支九朵花蕾，每天将一只花蕾改成花，九九八十一天画满九九八十一朵花，既计算着被关押的时间，又表达了自己不屈的英雄气概。后人为纪念文天祥，按照他的意趣，演变出各种不同版本的九九消寒图。《帝京岁时纪胜》中记载："至日数九，画素梅一支，为瓣八十有一。日染一瓣，瓣尽而九九毕，则春深矣。曰'九九消寒之图。'"②

---

① （明）刘侗，于奕正：《帝京景物略》，北京古籍出版社1983年，第70页。
② 参阅李松龄：《冬至数九话消寒》，载《北京档案》2013年第11期。

◀ **缂丝加绣九阳消寒图**

此九阳消寒图是清宫悬挂在室内的缂丝画作,上有乾隆皇帝的御题诗。此图以缂丝加刺绣制成。其背景为缂丝,主要人物、动物及树木等则是在缂丝上加绣。其纵213厘米,横119厘米。

进入冬至节,明代宫廷宫眷内臣皆穿"阳生补子"蟒衣,室中贴"绵羊太子"绘画,备宫内印刷的九九消寒图以供点画。明宫的消寒图主要有两种,一是画梅花,"日冬至,画素梅一枝,为瓣八十有一,日染一瓣,瓣尽而九九出,则春深矣,曰'九九消寒图'"。宫人在素色的梅花上每天用红色点画梅花瓣一枚,直至八十一瓣尽染为红梅,则迎来了莺歌燕舞、花红草绿的春天。另一种是涂圆圈,例如《消寒益气歌》图中横纵九格,每格内以当朝流行的吉祥语为名,画九个小圆圈组成相应的图形。依此为七星拱一图、左右和合图、三星在户图、四平八稳图、一门五福图、六合得政图、七财子禄图、八方朝贡图、九五至尊图。圆圈的点画只是圈的一部分;又根据当日的天气画的部位也不尽相同。因为点画的规定是"上点为阴下点晴,左边涂雾右边风,若逢下雪当中点,圈中加圈半阴阳"。这样一幅消寒图,不仅给主人"九九"时节平静生活增添了快乐,而且还是冬季天气变化的纪录,对后人研究天象留下可参考的数据。

至清代,宫廷也盛行填写"九九消寒图"。清代消寒图中比之前朝,品种增多,其中有以九字为主,每字九画,日填写一笔,九九八十一日春天到的消寒图,最为时尚。《养吉斋丛录》中记载:"道光初年,御制'九九消寒图',用'庭前垂柳珍重待春风'九字,字皆九笔也。懋勤殿双钩成幅,题曰'管城春满'。内值翰林诸臣,按日廓填,细注阴晴风雪,皆以空白成字,工致绝伦。每岁相沿,遂成故事。"[①] 可见清宫每年冬季都要填写这种"九九消寒图"。"管城春满"图中,"春前庭柏风送香盈室"九字,均各九笔。宫人在每日填写中留下了"终日凉风侵入皮肤如小刀刺""早阴冷晚晴微风""早雪晚霁日""剧风透骨寒""早大风午晴冷天也"等语,在最后一笔上注写"浪费笔墨今日休风"。从中可知这种消寒

▲ 缂丝加绣九阳消寒图(局部)

男童骑在一只白羊身上,身旁羊群奔跑,周围花朵萦绕,一派生机盎然的气象。"羊"与"阳"谐音,故"九羊"意为"九阳"。整图有男童3名,男童属阳,取"三阳开泰"之意。从儿童的服饰上看,应该是以清代宫廷的皇子或贵族子弟形象为素材。

---

① (清)吴振棫撰,童正伦点校:《养吉斋丛录》,中华书局2005年,第193页。

图的填写，实际是当日天气的记录，进而也是一年冬节的详细记录，就持笔措辞书写的瞬间而言，也颇具雅趣。

除了填写"九九消寒图"游戏外，清宫还会在室内悬挂消寒图，在这其中乾隆年"缂丝加绣九阳消寒图"是经典之作。绘画采用织物中缂丝加刺绣工艺而成，画面左上方松柏苍翠、梅花朵朵掩映着蓝天彩云，其下方碧水清清，岸边绽放了牡丹、桃花、月季，另有竹、绿草以及山石等。在一派春潮的景致中，大小九只健壮的羊奔跑、打斗，尤其是大白羊口中吐气形成气流状，直升空中，寓意着阳气上升；三个头戴抹额、身着冬装的婴童或骑羊，或手举梅花，好不快活。整个画面色彩饱满蓝、红、白等色的对比，使得主题突出，形象鲜明。

2. 九九消寒诗

明清时期，除了"九九消寒图"外，还盛行填写"九九消寒诗"。目前所见最早的"消寒诗"来自明代刘若愚的《明宫史》，其中提到明代宫廷中每年都要由司礼监太监印制"九九消寒诗图"，"每九诗四句，自'一九初寒才是冬'始，至'日月星辰不住忙'止"。到清朝道光年间，山东潍坊有位名叫王之瀚的文人在前人的基础上创作出一首《九九消寒诗图》，记述了民间习俗和农事活动，在清代民间广为传颂。全诗如下：

> 一九冬至一阳生，万物自始渐匀萌。
> 莫道隆冬无好景，山川草木玉妆成。
> 二九七日是小寒，田间休息掩柴关。

千家共享盈年福，预计来年春不困。

三九严寒水结冰，钓罢归来蓑笠翁。

虽无双鲤换新酒，且见床头樽不空。

四九雪铺满地平，朔风猎猎起新晴。

朱绨公子休嫌冷，总有樵夫赤足行。

五九元旦一岁周，茗香醪酒答神庥。

太平天子朝元日，万国衣冠拜冕旒。

六九上元佳景多，满城灯火迎星河。

寻常巷陌皆车马，到处笙歌表太和。

七九至数六十三，堤边杨柳若含烟。

红梅几点传春讯，不待东风二月天。

八九风和日日迟，名花先发向阳枝。

即今河畔冰开日，又是渔翁垂钓时。

九九鸟啼上苑东，青春草色含烟蒙。

老农教子耕宜早，二月中天起卧龙。

在清宫中也有填写九九消寒诗的传统，和民间的消寒诗相比，宫廷的消寒诗更多的是将国家大事或历史典故等融入其中。在中国第一历史档案馆中现存有末代皇帝溥仪创作的《九九消寒诗》。该诗从三皇五帝一直写到清朝，截取历代一些喜闻乐见的典故为题，全诗如下：

头九消寒才是冬，三皇治世万物生；

尧汤舜禹传桀事，武王伐纣列国分。

二九朔风冷难挡，临潼斗宝各逞强；

王翦一怒平六国，一统天下秦始皇。

三九纷纷降霜雪，斩蛇起义汉刘邦；

霸王力举千斤鼎，弃职归山张子房。

四九滴水冻成冰，青梅煮酒论英雄；

孙权独占江南地，鼎足三分属晋公。

五九迎春地气通，红拂私奔出深宫；

英雄奇遇张忠俭，李渊出现太原城。

六九春风天渐长，咬金聚会在瓦岗；

懋功又把江山定，秦琼敬德保唐皇。

七九南来雁北飞，探母回令是延辉；

黉夜母子得相会，相会不该转回归。

八九河开绿水流，洪武永乐南北游；

伯温辞朝归山去，崇祯无福天下丢。

九九八十一日完，闯王造反到顺天；

三桂令兵下南去，我国大清坐金銮。

除了这种历史典故的消寒诗外，溥仪还曾写过一些相关时局的诗歌。如《管城春满消寒诗》中，对袁世凯称帝活动表示不满和愤懑，并对社会各方反对称帝以及当时社会经济状况进行评论，显示了溥仪身在后宫却关心天下之事。全诗如下：

冬至头九天气寒，项城有意坐金銮。

中华帝国号洪宪，施行专制改江山。

二九朔风冷凄凄，杨度进奉衮龙衣。

谋杀总统沈金鉴，假造民意梁士诒。

三九天寒冷似冰，筹备大典帝制兴。
滇黔桂粤皆反对，阴谋炸死郑汝成。
四九霜雪飞满天，误国害民朱启钤。
拆毁民房修马路，万古千秋骂汉奸。
五九天寒冷难当，黄陂不受武义王。
溥伦赏食双王俸，拐款独立龙济光。
六九迎春地气通，南海改建新华宫。
商界承办提灯会，帝国万岁信口称。
七九河开河不开，各省反对不来财。
中交两行停兑现，民国灾祸一起来。
八九雁来到惊蛰，登基坐殿算白说。
九五未登身先丧，遗下臭名骂董卓。
消寒已尽九九完，黎大总统掌兵权。

总的来看，诸如数九歌、九九消寒图和九九消寒诗等冬日休闲习俗，不论民间还是宫廷，南方还是北方都非常盛行。九九消寒的习俗之所以盛行是与中国传统农业社会生产生活密切相关的，冬日天气的变化决定了冬日的生活和来年的收成。同时这种通俗易懂，广为传唱的诗歌，也有寓教于乐的功能。孩童通过传唱这些诗歌，不仅可以了解节令物候变化，还可以从中了解历史知识、自然常识等，受到良好的启蒙教育。一些高雅有难度的消寒图也成为文人雅士娱乐消遣的游戏。①

---

① 参阅李松龄:《冬至数九话消寒》,载《北京档案》2013年第11期。

第三章　泥塑玩偶

中国的泥塑玩具历史悠久，它是伴随着人类陶土工艺而发展起来的。泥玩具选用有黏性、细腻的泥土为原料，通过捶打、摔、揉、捏、彩绘等多种工序而完成。一些泥制动物采用模制，并经适宜的温度烧造，使之更为轻巧。泥玩具纯手工制作，成本低廉，而其制品用于陈设欣赏的同时，又可给人们带来欢乐，尤其受到孩童们喜爱。自宋代以后，从事泥塑玩具制造的手工艺队伍逐渐扩大，并不乏名流之辈。至清代，无锡惠山的泥塑、光绪朝天津泥人张的作品均名噪一时，更有成千上万的泥玩偶走进寻常百姓家庭，其中一些精品之作更是走进宫廷。受各种因素的影响，以往宫廷中的泥塑玩具难以存世，令人庆幸的是清宫晚期的这类玩具大多数依然完好。在种类繁多的泥制品玩具中，根据造型可分类为动物、人物与建筑物三方面，而每一类中又包含若干的丰富内容。

皇帝的小玩具

第一节　神态各异五彩偶——动物玩偶

1. 清宫泥塑动物概述

人与动物之间的关系，在原始社会就已经确立起来了。在长期的狩猎活动中，人类对动物的认识不断提高并改善着彼此之间的关系，有些动物成为部落的图腾，具有无上的权威，受人们顶礼膜拜。我国古人对动物有着特殊的感情，常把在生产和生活中发挥重要作用的动物视为神圣之物，有的动物甚至成为神的化身。在东汉王符所著的《潜夫论·浮侈篇》中记载："或作泥车、瓦狗、马骑、倡排，诸戏弄小儿之具，以巧诈。"这其中的"泥车、瓦狗、马骑、倡排"就是东汉时期流行的泥质动物玩具。①

满族是一个崇尚狩猎的民族，入主中原后，为保持本民族的习俗，清代皇帝要举行春狩秋

◀ 泥马

这件泥塑表现的是清代官员骑马的场景，青棕马上有白色的马鬃，形象十分逼真。官员身着官服、官帽，端坐马上，一派悠然自得的神情。

---

① 王连海：《中国民间玩具简史》，北京工艺美术出版社1991年版，第14页。

狝活动。这些活动对清代宫廷内的皇子们认识和了解动物提供了良好的条件。同时，动物作为愉悦心灵的慰藉品，也受到宫廷后妃及皇子们的喜爱。正如明人刘若愚所说："祖宗为圣子神孙，长育深宫，阿宝为侣，或不知生育继嗣为重……是以养猫养鸽，复以螽斯、千婴、百子名其门者，无非藉此感触生机，广胤绪耳。"[1]除了这些活生生的动物外，大量以动物形象制作的泥塑动物作为宫廷皇子们日常游戏的玩具在宫廷备受青睐。

泥塑动物以活泼的面容、小巧的造型历来受到人们的喜爱。清晚期宫廷中为小皇帝准备了大量的泥塑动物，包括在自然界中天上飞的、地上走的以及水中游的，如鸽子、燕子、鹌鹑、小马、小狗、小兔、小猴、小猫、小羊、老虎、金钱豹、骆驼、大象、长颈鹿、黑白花猪、小鸭等，多达几十种。动物们形体美观，眼睛有神，动作准确，走、跑、立、卧各种姿态应有尽有，着色后更显逼真。这些动物大多数在10厘米左右，于成人手心中，也是大小适宜，即使孩童时期的小皇帝，以其稚嫩的小手也可信手把玩。面对如此之多的小动物，居于深宫内的儿皇帝可以开阔眼界，认识现实生活中的相关事物。每每玩耍时，经太监或奶妈们的示范表演，小皇帝的嘴可发出美妙的声音，如小羊的咩咩声、小狗的汪汪声、老虎的吼叫声。在玩的过程中，这些玩具给小皇帝增长了知识，带来了童年的欢乐，调节了其在宫廷中单调、乏味、枯燥的生活。

---

[1]（明）刘若愚：《酌中志·内府衙门识掌》，北京古籍出版社1994年。

2. 清宫泥塑动物赏析

(1)泥塑猪。猪是十二生肖之一，是中国古代农耕文化的一个典型符号，其憨态可掬的形象深受国人的喜爱。民间很早就有各类猪造型的玩具问世。由于宫廷中难以见到真正的猪，因此宫廷造办机构制作或购买一些泥塑的猪玩具供皇子日常玩耍使用。这件泥塑猪长7.5厘米，高3.8厘米，从造型上看应该是太监从民间购买的玩具，其形态逼真自然，造型憨态可掬，给小皇帝枯燥的宫廷生活带去了些许的欢乐。

▼ 泥猪

猪憨态可掬的形象深受儿童的喜爱。这件泥塑猪从体型、神态到颜色装饰都惟妙惟肖地将猪的形象展示出来。

(2)泥塑羊。羊是地球上最古老的动物种族之一，已经在世界上繁衍生息了数万年之久，也是中国古代主要的肉食来源物种之一。同时，因"羊"与"祥"是一对古今字，因此很早就有以"羊"作为吉祥标识的解语，"吉祥"多作"吉羊"，如汉代有"大吉羊洗"上刻有"大吉羊宜用"的字样。在故宫博物院所藏的麻将盒上也有"吉羊"的标识。

◀ 泥羊

羊在古代被看作吉祥的象征，所以存世大量关于羊的玩具。这件泥羊的羊毛、羊角和面部神态都刻画得十分精细。

在故宫博物院所藏的泥塑羊实物中，有山羊、绵羊等不同种类。这些泥塑羊大都是晚清时太监从宫外的市场上购买来的，形象惟妙惟肖，很适合皇子或小皇帝日常把玩使用。

（3）泥塑豹。中国宫廷园囿蓄养的动物，多数产自本土，也有一些来自藩属国进贡或外国朝贡。其中，豹就是这种中外文化交流的产物。宫廷养豹，最早可追溯到汉代。从唐代开始，豹通过朝贡贸易被传入中国，成为宫廷贵族的喜好之一。到元、明时代，豹猎已经成为贵族生活中的时尚运动之一[①]，明代宫廷中还出现了"豹房"。虽然19世纪中后期，猎豹因生存环境的变化而一度不见踪迹，但相应的豹文化却一直延续了下来。

▲ 泥豹

豹是中外文化交流的产物。虽然清代宫廷中关于猎豹的记载非常少见，但在皇子的玩具中，我们可以发现一些诸如泥塑豹之类的玩具，这种玩具形象逼真，是当时豹文化在中国已经有较深影响的反映。

清代宫廷中关于猎豹的记载暂未见于文献，但在皇子的玩具中，我们可以发现一些诸如泥塑豹之类的玩具，这种玩具形象逼真，是当时豹文化在中国已经有较深影响的反映。

（4）泥塑长颈鹿。长颈鹿是一种生长在非洲地区的动物，是现存最高的陆地生动物，站立时由头到脚可达6~8米。长

[①] 参阅马顺平：《豹与明代宫廷》，载《历史研究》2014年第3期。

颈鹿传入中国的时间较晚,有学者认为在《明史·外国传》中记载的麒麟就是长颈鹿①。无论如何,在清代时以长颈鹿为造型的玩偶已经在京城市面上出现。之所以出现这种情况,与当时大量外国商人将当时世界各地的玩具运往中国有关。同时这也是世界逐渐走向一体化的缩影。故宫所藏的这件泥塑长颈鹿应当就是晚清时太监从外国人开办的商店中购买的。

▲ 长颈鹿

故宫所藏的这件泥塑长颈鹿应当就是晚清时太监从外国人开办的商店中购买的,其站立姿态,皮毛颜色花纹有圆形斑点,形象非常逼真。

通过以上四种泥塑动物玩偶,我们可以看出当时清宫中既有中国传统动物造型的玩偶,也有一些从国外进入中国的动物形象的玩具。猪和羊作为中国人常见的动物的玩具,不仅在市面上可以买到,在宫廷服务的匠人也可以制作出相关的玩具。豹作为进入中国时间较长的外来动物,到清代时其形象已经深入人心,民间与宫廷均有相应的以豹为形象的作品出现。而出现在非洲生的长颈鹿的形象的玩具,则是当时世界逐渐走向一体化的产物,是清代国门被打开后进入到玩具领域的新的动物形象。这些泥塑动物玩偶,为年幼的小皇子们认识各类动物提供了一扇明亮的天窗,成为

---

① 冯兰兰:《〈明史·外国传〉中麒麟即长颈鹿考注》,载《农业考古》2002年第1期。

他们获取知识的一种重要途径。

第二节　粉墨登场弄戏俑——泥塑人物

清代宫廷中的泥塑人物，称得上是蔚为大观。泥塑的人物玩具中，根据题材内容可分为戏曲人物、典故人物、肖像人物等几类，其中戏剧人物数量占绝大多数，其他的典故人物、肖像人物等是有益的补充。

1. 泥塑戏曲人物

戏曲玩具是指以戏曲人物、造型、道具、舞台形象等因素为创作题材制作的适宜玩耍、把玩的器具，它是人们对戏曲相关形象的艺术再创造，是戏曲艺术的物化延伸。中国古代的戏曲玩具源远流长，在唐代就已经出现了被称为"陶戏弄俑"的戏剧玩偶[1]。到明清时期，随着戏剧的不断发展，戏剧玩具也相应地不断成熟。从清代乾隆年间开始，北京地区京腔（也称高腔或弋阳腔）逐步盛行，后来四大徽班进京，相互融合最终发展为京剧。与此同时以泥塑脸谱、木偶人、

▶ 泥塑戏曲人物·武丑

这件泥塑武生威风凛凛，器宇轩昂，英雄气概十足。

---

[1] 参阅故宫博物院网站词条"陶戏弄俑"，戏弄是唐代对戏剧的一种称呼，冯贺军先生认为此陶俑应该是参军戏俑。

皮影人、面人及鬃人等戏曲艺术造型为主要创作题材的玩具也逐渐兴盛，并从民间进入宫廷，成为晚清宫廷娱乐生活的重要组成部分。晚清宫廷对戏剧的喜爱以及皇帝年少登基等诸多原因，使得晚清宫廷的一些戏剧玩具得以保存下来。这些戏剧玩具不仅丰富了皇子们的少年生活，同时也反映了当时清宫戏剧盛行的情况。①

（1）清宫泥塑戏曲人物概述。清代有一批专门制作泥戏人的艺人或产品，如天津的"泥人张"、"惠山泥人"等，这些民间艺人制作的戏人造型精美逼真，色彩艳丽。随着晚清戏剧的盛行，大量的戏曲玩具进入京城的玩具店，这些玩具店也成为太监为小皇帝搜罗玩具的主要去处。正如何德兰所描述的那样："他们（太监）为找中国玩具已把城里搜了个遍，去过所有的集市，到过所有的玩具店，找过所有的小贩，把那些特地为皇帝制作的精品高价买了来。"② 这些玩具不见得是为皇帝专门制作的，但太监们购买的这些玩具却丰富了宫廷的游戏生活。由于晚清宫廷戏曲活动盛行，一些地方官员在各类节庆活动时也会在呈送的贡品中加入一些有地方特色的戏曲玩具，以取悦皇室。如在慈禧太后七十寿辰时，官员庆宽曾进贡一批"泥人张"的戏曲人物，深受慈禧的喜爱，并将其陈设

---

① 关于晚清宫廷戏曲玩具的研究，当前尚处在起步阶段，笔者目前可见的研究成果仅有《粉墨登场——中国皇帝的中西"玩意儿"》（载《紫禁城》2006年6期）一文，对此有简略的介绍，除此之外未见有详尽的研究成果问世。
② （美）何德兰著：《慈禧与光绪——中国宫廷中的生存游戏》，中华书局2004年，第69~70页。

于颐和园的殿堂内，景象十分壮观。

在戏曲玩具中，数量最多的是泥塑的戏曲人物。泥塑玩具可塑性强，明清时期出现的"手捏戏人"的无锡惠山泥人匠人、天津的"泥人张"等都是制作泥塑戏曲人物的高手。这些泥塑玩具多模仿舞台角色，通过面目、眼神、服装、胡须、手姿等，捕捉人物的个性。① 从现存的实物来看，泥塑戏人完全是宫廷娱乐生活中以戏曲为主的直接反映。如泥塑戏人宋太祖赵匡胤②，就是出自京剧《龙虎斗》中的形象，此戏人红脸凤眼，美髯及胸，手持红马鞭，身着黄绿龙袍，威风凛凛，将赵匡胤作为开国之君英武的形象表现得淋漓尽致。清宫的泥塑玩具既有中国传统泥塑玩具的特性，同时又兼具一些宫廷的特色，在制作工艺上比民间制作得更加考究，人物造型更为精致，非常适合少年游戏之用。特别值得一提的是，现存的实物中有一些泥塑戏人的背后有相关的戏曲曲目名称，这对这些泥塑戏人身份的确定大有裨益。

▶ 泥塑大臣人物

这是一件泥塑大臣像。人物微笑的表情和谦恭的动作巧妙地结合在一起，将一位请安行礼的大臣形象很生动地展现出来。

---

① 刘宝建：《泥戏人》，载《紫禁城》2006年第2期。
② 学者尉涛认为这个泥人从服装、动作上看是戏曲《四郎探母》中的杨延辉，只是舞台上的杨延辉是穿黑马褂的。参见尉涛：《粉墨登场——中国皇帝的中西"玩意儿"》，载《紫禁城》2006年第6期。

(2)晚清宫廷戏曲玩具的特点。晚清宫廷戏曲玩具类别众多,与大众化的民间戏曲玩具相比更兼有一些自身的特点,下面具体来看。

A. 写实性强。晚清宫廷戏曲活动的盛行,带动了一些宫廷娱乐活动的戏曲化,作为这种生活方式展现的实物形象,戏曲玩具的写实性特点非常突出。这种写实性表现在戏曲人物本身的逼真造型上,很多玩具形象是当时宫廷戏曲演出曲目中的角色形象。

与宫廷丰富的戏曲活动相对的各类戏曲玩具与戏曲中的人物相对应,这具有很强的写实的特点。从现存的实物来看,晚清宫廷的戏曲玩具大都具有写实的特点,即玩具与现实的戏曲人物非常匹配。据相关学者统计,大多泥塑的戏曲人物都能与真实的戏曲人物一一对应,如《英雄会》《赵家楼》《牛头山》《天水关》《二进宫》《沙陀国》《朱仙镇》《草桥关》《定军山》《白良关》《恶虎村》《临潼山》等。如一件泥塑武丑背后就有"英雄会"的黄色标签,说明这件泥塑玩具应该就是《英雄会》中的武丑角色。再如一件泥塑的手持双锤的花脸大将,是《草桥关》中形象,其头侧的窟窿是装珠子头的头发用的,头上也划出了头发的痕迹,这些说明制

◀ 执双锤的泥塑花脸人物

这是《草桥关》中的人物形象,手持双锤,非常威风。

作者是非常熟悉戏台上人物的扮相。再如张飞形象的泥塑则充分把握了其面部表情、胡须和兵器的特点，使儿童能非常容易地记住这个戏曲形象。当然，玩具毕竟是玩具，作为一件作品在尊重原人物形象的基础上，制作者还根据自己的经验、认识进行了一定的再创造，这也是玩具的特色之一。

B.制作精美。相较于民间的戏曲玩具，晚清宫廷的戏曲玩具在各个方面都堪称精品。由于皇家所用的特殊性，这些戏曲玩具大都是专门给皇子们日常把玩，因此在购买或制作时都要求精益求精。从现存的实物来看，宫廷戏曲玩具大都制作精良，其色彩丰富，真实感强，尤其是在人物的神韵、形态以及服装、道具等细节上的处理都非常到位。从现存的近百件戏曲玩具来看，数量最多的泥塑戏曲玩具多是由民间高手制作或将民间匠人请至宫中制作的。有学者认为一些现存的戏人很可能是出自一人之手，其理由之一便是"人物的眼神很足，眼神的刻画是一个人的风格，另外从衣服、头饰来看，做得很讲究"[①]。从现存的戏曲玩具实物来看，这些戏人的服饰大多与舞台上的形象相似，但在局部之处仍有不同，一些纹饰、装饰物等都有明显的清代风格或宫廷风格，这也是由其所处的环境决定的。

C.中西结合，具有时代特色。晚清宫廷的戏曲玩具不仅有中国传统的泥塑戏人、面人、鬃人、木戏人等，还有一些西

---

① 朱传荣：《粉墨登场——中国皇帝的中西"玩意儿"》，载《紫禁城》2006年第2期。

方的戏剧玩偶,这些西方的戏曲玩偶不仅丰富了宫廷的娱乐生活,也为中国传统的玩具提供了很多借鉴,进而出现了一些中西合璧的戏曲玩具。比如用西方的戏曲玩偶表演中国传统的戏曲曲目。

总体来看,晚清宫廷戏曲玩具门类庞杂,制作精美,各种不同戏曲门类的玩具通过各种途径汇集到宫廷。这些戏曲玩具作为晚清宫廷生活,特别是少年皇帝娱乐生活的重要组成部分,不仅丰富了宫廷的戏曲活动,同时也对民间戏曲玩具的发展产生了一定的推动作用。

(3)晚清宫廷戏曲玩具的影响。晚清宫廷戏曲玩具不仅丰富了日常的宫廷生活,同时作为戏曲活动在宫廷的反映,也为我们从另一个视角观察晚清的宫廷戏曲生活提供了依据。

首先,戏曲玩具作为宫廷众多玩具的一类,非常适合年少的皇帝玩耍,成为宫廷娱乐生活的一个重要组成部分。戏曲中的人物形象通过从玩具的形式表现出来,造型多变而优美,色彩艳丽,声响悦耳,动作有趣,这些信息吸引着幼儿去看、听、摸,从而刺激儿童的感官系统。儿童在操作、摆弄这些玩具的过程中反复进行感官练习,促进了感知觉的发育。① 同时玩具又是实物的替代者,一切戏曲中的人物造型、道具等都可以用玩具来表现。在这其中,玩具携带的大量戏曲元素被儿童潜移默化地接收,对儿童熟悉、认知戏曲有很大的帮助。维

---

① 吴鹏:《中国传统玩具的审美体现》,载《美与时代》2010年第4期。

果斯基认为,"对年幼的儿童而言,需要借助熟悉的玩具和情景来协助他们的游戏转变。完成转变后,儿童逐渐能用结构更简单的游戏材料代替这些更真实有生活原型的玩具。儿童在游戏中从玩具依赖到想法导向的转变,也实现了从真实生活描述到新奇的富有想象的情景表达的进步"①。宫廷丰富的戏曲活动影响着皇子们的日常生活,使其在耳濡目染中接触到戏曲文化,感受其魅力所在。与此同时,当时清宫内所演的剧目中的很多人物形象都被制作成各类戏曲玩具,年少的皇帝通过这些玩具对舞台上的戏剧表演有了初步的认识,也是通过这些玩具,一些皇室子弟开始接触戏剧,最后甚至成为一时名家。

其次,晚清宫廷的戏曲玩具是当时宫廷戏曲生活的直接反映。朱家溍先生认为,"清代内廷演戏,以乾隆和光绪两朝为极盛"。《清升平署志略》中记载:"清代诸帝,自高宗而下,殆无不嗜戏曲者。"晚清的宫廷戏曲之风更胜,据《翁同龢日记》记载,光绪二十二年十月十日,在西苑共有五十八人听戏,东边六间,西边四间,从早到晚接连听三天。② 戏曲活动的频繁带动着戏曲玩具的创作,戏剧形式和戏剧人物对玩具的发展都是有诱发创作、令创作者感动的思路。从现存的实物来看,很多戏曲玩具来自于当时流行的曲目,如谭鑫培饰演的

---

① 蔡雪:《玩具结构对幼儿社会观点采择、故事讲述的影响研究》,浙江师范大学2009年硕士学位论文。
② 朱家溍:《清代内廷演戏情况杂谈》,载《故宫博物院院刊》1979年第2期。

皇帝的小玩具

▲ 泥塑戏曲人物（群）

在戏曲玩具中，数量最多的是泥塑的戏曲人物。左一为"着绿褶子戴桥梁巾的花脸"，左二为"戴红风帽穿黄马褂的老生"，右二为"执双锤的花脸"，右一为"着黄袍戴蛐蛐罩的武丑"。这些泥塑戏曲人物通过面目、服装、动作等，表现人物个性，生动逼真。

《定军山》中的黄忠等。谭鑫培在晚清经常出入宫廷，为皇家演戏，其表演的《阳平关》《定军山》等深受宫廷的喜爱，在故宫现存的老照片中，我们可以看见当时谭鑫培和杨小楼等人的戏装扮相。

晚清宫廷戏曲玩具，是在宫廷戏曲文化盛行的背景下产生、发展，与宫廷文化、典章制度密切相关，其框架仍然没有迈出宫廷传统文化的局限。与宫廷盛行的戏曲一样，一些有悖于统治理念的戏曲玩具也不允许出现在少年皇帝的身边。所以我们看到的玩具造型更多的是一些帝王将相或为统治者所赞扬的人物形象。通过这些玩具，我们可以从另一个视角管窥清宫的戏曲娱乐生活，玩具的背后是晚清宫廷不同戏曲接连上演的舞台。

第三，清末中国的戏曲玩具逐步走向成熟，特别是随着京剧的诞生及各类剧种的发展，相应的各类以戏曲形象、艺术造型及道具等为创作素材的戏曲玩具开始普及。晚清宫廷盛行的戏曲玩具，不仅传承了中国传统玩具创作的精髓，还在很多地方推陈出新，并影响着民间玩具的创作。一些民间的玩具进入宫廷后经过选择性的保留，进入皇家视野的都是符合统治秩序或伦理规范要求的。而宫廷对这些戏曲玩具的选择、重新装饰，甚至仿作、改作都对民间的戏曲玩具制作产生了一定的导向性作用，使得民间玩戏曲玩具更追求精工细雕，更注重对细节的刻画，这也在一定程度上推动了中国戏曲玩具的发展。

总的来看，晚清宫廷戏曲玩具作为宫廷玩具的一类，在承继传统戏曲玩具特点的基础上，又融合了一些西方的戏曲玩具元素，使其具有了与民间戏曲玩具不同的特质。宫廷戏曲玩具来自民间，又不同于民间，宫廷的选择性倾向又对民间的戏曲玩具的发展产生了一定的推动作用，在清末宫廷娱乐生活中扮演着重要的作用。这些戏曲玩具不仅丰富了皇子们的生活，拓展了视野，使其对戏曲有了一个初步的感性认识，同时也从侧面反映了当时宫廷丰富的戏曲活动，也是成人戏曲在儿童娱乐活动中的延续。

2. 泥塑典故人物及其他类泥人

（1）泥塑典故人物。典故类泥塑是清宫泥塑人偶中较多的一类，这类人偶多以传统故事中的人物或故事情节为题材，通

过人偶再现故事。这些泥塑人偶方便清宫的小皇子们了解中国传统故事,并可以潜移默化的学习到正确的价值取向大有裨益。下面结合具体的文物来看。

A. 刘海戏金蟾。刘海戏金蟾是湖南花鼓戏中的一个故事。相传刘海本为善良勤劳的樵夫,狐仙胡秀英羡慕人间生活并爱上刘海,而金蟾化身的石罗汉对此怀恨在心,趁刘海外出时,把胡秀英推入井中,夺走了她的宝珠,使她显露狐仙原形。刘海得知此情后,在众姐妹帮助下,终用神斧打败了石罗汉,夺回宝珠,拯救出了胡秀英。刘海这种扶善除恶的美德,广为人们所称颂,并被当地人们视为理想中的"仙人"。刘海戏蟾的故事在民间广为流传,它寄托着人们追求幸福生活的美好愿望,京剧中也有此类剧目。

▲ **泥塑刘海戏金蟾**

故宫博物院所藏,清晚期,高15厘米,宽9厘米。此泥质戏人描绘的是湖南花鼓戏中刘海戏金蟾的故事。

在这件泥塑的刘海戏金蟾中,刘海身着色彩淡雅的民间古装,右手拿金钱置于胸前,肩上扛一盒子,内有一蟾蜍露出半个身子。塑像中金钱与蟾寓意"金蟾",取"招财进宝"之义。戏人体格富态,眼睛微斜,神态可掬;金蟾双眼灵动,活泼可爱。

B. 土地爷。中华民族对土地的崇拜由来已久。古代中国

▼ 泥塑土地爷

土地爷是中国传统文化中最和蔼亲近的神仙之一，民间对土地爷有"土地佬""老倌"等的戏称，其尊号为"福德正神"。故宫博物院所藏的泥塑土地爷就是这样一位和蔼可亲的长者，青帽白须，黄衣红带，手执拐杖，与民间所见的土地爷形象并无二致。

的乡村均建有土地庙，里面供奉着土地神，这位土地神，民间有俗称为土地爷。在《孝经纬》中记载："社者，土地之神。土地阔不可尽祭，故封土为社，以报功也。"也就是说，人们为祈求在宽广的大地上风调雨顺，所以祭祀土地，而土地神作为土地的代表接受祭祀。在明清时期，在南郊的地坛，宫廷也会举办国家祭祀以求来年风调雨顺。在民间，土地爷又是最和蔼亲近的神仙之一，民间对土地爷有"土地佬""老倌"等的戏称。从现存的文献和文物来看，清代的土地爷形象多是长须、慈眉善目，富有亲和感。故宫博物院所藏的泥塑土地爷就是这样一位和蔼可亲的长者，青帽白须，黄衣红带，神情自若，笑意盎然。

从故宫博物院所藏典故泥塑来看，其造型大都是一些民间喜闻乐见的故事人物，特别是一些喜剧故事人物，尤以慈眉善目、笑容可掬者居多。从制作的工艺来看，这些泥人塑造的都十分精细，特别是面部表情惟妙惟肖，将人物内心的一些变化传达出来。这些泥塑典故人物对于皇子们接受这些民间故事或传说大有裨益，使其在玩耍时就能感受到这些来自民间的文化精华。

(2) 其他类泥塑人物。除了泥塑戏曲人物、典故人物外，在宫廷中还有一些其他的泥塑肖像人物，包括太监、士兵等。这些泥塑人物有的是宫廷匠人根据现实中存在的人物进行创作的，也有的是从市面上买到的一些带有时代特征的泥塑人物。

有人认为，根据现实人物进行泥塑创作源自明末虎丘，后逐渐形成一门专门的艺术——塑真艺术。塑真，又名捏相，即按照真人进行微缩创作，这种工艺在清代康熙到乾隆时期盛极一时。在《红楼梦》第六十七回中，薛蟠自南方做生意回来，带回来的"在虎丘山上泥捏的薛蟠的小像，与薛蟠毫无相差。宝钗见了，别的都不理论，倒是哥哥的小像，拿起仔细看了看，又看看他哥哥，不禁笑起来了"[1]。这里薛蟠的小像就是清代典型的塑真艺术。故宫博物院现藏有一些泥塑的太监像，这些泥塑太监就很可能是在宫廷服务的匠人根据宫里太监的原型创作的。太监是宫廷特殊生活环境的产物，是小皇子们日常接触最多的服务人员。此泥塑太监头戴红缨穗卷沿帽，身着蓝朝服，胸前挂朝珠，面容憔悴，满脸风霜，弯腰驼背，双臂向前弯曲，但瘪嘴中仍见微笑，却也真实勾画出一位善于察言观色、老于世故的太监形象。

▲ 泥塑太监

---

[1] （清）曹雪芹，高鹗：《红楼梦》，人民文学出版社1996年。

▲ 泥塑士兵

除了创作宫廷人物外，一些从宫外购买的肖像泥塑人物也进入了宫廷。如这件民国装扮的士兵小像，应该就是逊清小朝廷时期太监从市面上购买来的。这件泥塑士兵是一位近代军队中的炊事兵形象，留着西式的翘胡须，没有扎辫子，头戴新军的军帽，身着新式的军服，下身系着围裙，手里拿着一根火钳，提着一件饭桶。从服装造型上看，是新式军队士兵的形象，这是在清朝灭亡之后出现的新的装束，很可能是太监从宫外商店或市场上购买给溥仪玩耍用的。

第三节　亭台楼阁自相成——其他泥塑玩具

除了泥塑动物、泥塑人物外，故宫博物院还有一些反映现实生活的泥塑作品，如建筑物、交通工具等存世，主要是房屋、城墙、桥梁、亭台、车、船等。泥塑的建筑是将现实的建筑进行微缩创作，这也是中国泥制玩具的主要类型之一。在清代北京地区有大量以宫殿园囿、桥梁等为原型的泥塑建筑玩具。如以城墙为造型的，有城墙、城门、角楼等一套完整的组合，在玩耍时可以将其拼装起来，模拟城市城墙的样子。还有以北京地区传统的四合院为造型的泥塑建筑，组装起来成为一套完整的四合院。这些泥塑建筑，其造型和玩法都类似于积

木，可以自由组合各类建筑，可使皇子们在玩耍的同时对建筑构造有一定的认识。特别是对年幼的皇子而言，建筑玩具不仅适合玩耍，他们还需要借助这些的建筑玩具和情景来协助他们熟悉、认识生活的环境。泥塑的交通工具包括马车、轮船等，这些交通工具即可以单独把玩，也可以与建筑搭配玩耍，组合使用。如现存一套泥塑玩具包括亭台、长廊、游船等，组合起来可以形成颐和园风景图。

从目前所藏的这些泥塑建筑玩具的制作来看，其与内务府制作的玩具在工艺上有着较为明显的区别，应该多是太监从市场上购买的，但这些民间玩具又带有明显的宫廷风格。究其原因，大抵是清朝末年大量贵族子弟沦为平民，许多人没有谋生的手段，遂致力于玩具的生产。他们把宫廷玩具细腻、精巧、华贵、奢靡的风气带到民间，使北京民间玩具有了浓重的宫廷风格。[1] 从故宫博物院藏的泥塑建筑本身来看，它们有两种明显的倾向。一类是侧重民间建筑类型，包括一些民间四合院、桥梁等。通过这些模型，皇子们可以对北京地区的民间建筑有更为清晰的认识。另一类是以宫廷建筑为模本制作的玩具，这类玩

▲ 泥塑桥

桥梁、楼台亭榭是泥塑建筑中最为常见的形式。这件泥塑桥由台阶、桥面、护栏和桥墩组成，做得十分精细，对少年儿童认识桥梁的构造大有裨益。

---

[1] 王连海：《中国民间玩具简史》，北京工艺美术出版社1991年，第66页。

▲ 泥塑亭

这件泥塑亭子无论是房顶、柱子，还是台阶都刻画得非常细致、精巧。

具包括宫殿园囿、亭台楼阁等。宫殿园囿等本身是皇子们日常生活所熟悉的场所，所以组合搭配非常方便。这两类玩具虽然取材不同，但都制作精细，特别是在具体细节的刻画上更是讲究，使人有身临其境之感。这类泥塑建筑玩具与外来的积木玩具有异曲同工之处，特别是在锻炼孩童的观察能力和动手能力方面作用明显。孩童在游戏的同时可以对中国建筑有所认识，对提高自身学识大有裨益。

总体来看，宫廷泥塑玩具与民间泥塑玩具并没有大的区别，所用材质和制作工艺基本相同，甚至许多民间艺人被征召到宫廷服务，还有一些宫廷所用的泥塑玩具是从民间的市场上购买的。但宫廷作为社会最上层的机构，其宫廷文化对制作、选择泥塑玩具都有着鲜明的影响，使其形成了细腻轻巧的艺术风格，与民间玩具相对粗放的制作有着明显的区别。所以民间与宫廷的泥塑玩具本出同源，又在很多方面有所区别，互为影响又互为补充，共同塑造了晚清的泥塑玩具文化。

皇帝的小玩具

第四章　生活类玩具

儿时过家家的游戏与现实生活最为贴近，因而也最受皇宫小主人的欢迎。宫内备有的过家家的玩具，均模仿实际生活中的饮具、炊具、家具、烟具以及其他工具等。诸如小腊娃娃，小瓷茶具，银、锡制作的成套酒具，锡制的火锅、火碗，成套西洋铜累丝桌椅，成套的小如意，用于购物的藤编小篮子，清洁卫生用的银簸箕，吸烟用的小水烟袋，养鸟的竹制船形鸟笼子，模仿"男耕女织"中用的小手摇纺车，男子用的马车，等等，可谓品种繁多。若将这些玩具进行组合搭配，小主人则可从中感悟生活的常识，过把当家庭主人的瘾。

第一节　齐家玩乐自融融——家居生活类玩具

在家庭生活中，日常生活对孩子的影响是潜移默化的，他们模仿成人生活中的各个细节，将其通过自己的方式表现

出来。由于这些都是他们自己日常生活中所见所闻的，所以在游戏的过程中，孩子们的模仿力和想象力也得以提高。在清代宫廷的玩具中，就有一些这样的适宜做家居生活游戏的玩具。

1. 餐饮玩具

（1）小茶具。清代宫廷内饮茶风俗盛行，满族原本是我国东北地区的狩猎民族，以肉食为主，茶叶在其日常生活中也占有重要的地位。进入北京之后，宫廷饮茶风气更为兴盛，日常饮茶成为习俗。这种饮茶风俗对生活在皇宫里的皇子们也产生着潜移默化的影响。故宫博物院现藏有成套的各类小茶具，其材质有瓷、锡、银等各类。从外形上看，这些茶具与成人使用的茶具在造型是非常相似的，包括茶杯、茶托、

▲ 茶具

这组茶具有一件茶壶和六件茶碗组成，为白瓷彩花，与成人所用茶具非常相似，皇子们通过这些小茶具对饮茶生活有初步的认识。

茶壶、茶叶盒等，可以用来模仿整套的饮茶活动。皇子们通过这些小茶具开始对饮茶生活有初步的认识。

（2）小餐具。民以食为天，日常饮食活动是人们每天最常见的活动之一。在清宫的玩具中，模仿日常饮食活动的小餐具是皇子们过家家时必备的玩具，包括小碗、小盘子、小勺子、小叉子、小筷子、小火锅、小鞘刀等。清代宫廷中吃火锅非常

频繁,几乎每餐都会有,所以在小皇子的玩具中就有小火锅的玩具,这种小火锅也包括锅、支架、盛放调料的器皿等整套火锅器具。

在这些小餐具中,小鞘刀是比较特殊的一类,鞘刀即带鞘的餐刀。满族作为一个崇尚狩猎的民族,鞘刀是必备的生活用品,入关以后虽然生活方式发生了很大的变化,但这种具有鲜明民族特色的鞘刀仍然出现在宫廷日常生活中,并且清宫制作的鞘刀经历了一个从相对简单到逐渐复杂的过程,从开始的单一刀具发展到刀和箸的合体,到后来出现了刀、叉、箸、勺等多种器具,成为一种餐具的集合。这种变化在玩具中也有明显的表现,鞘刀也成为皇子们日常玩耍所用的器具。

▲ 小餐具

这是一组餐具集合,包括三套小茶具和一套小餐具,茶具有瓷胎和泥胎两种,餐具为金属质地。

2. 小家具

著名的教育家夸美纽斯在其《童年的学校》中认为四五岁的孩子,"他们能通过观察,与父母、保姆或兄弟姐妹的交谈,了解有关家具的知识。孩子们玩木头做的或铅做的马、牛或

▲ 小椅子

　　这组小椅子椅高5.5厘米,长2厘米,宽2厘米,为金属质地,从外形上看应该是仿照西方家具的样式,是晚清乃至逊清小朝廷时期西方生活方式进入宫廷并在玩具中的体现。

羊,玩铲子、小车、桌子、椅子、瓶子、小盆之类的东西是有益的。这些玩具能使他们得到娱乐,也有助于认识事物。"[①]孩子在过家家游戏中,认识到身边的家具等器物的功用,模仿并将日常生活情景再现。在故宫博物院所藏的小家具玩具中,就有一些诸如银累丝的小椅子、小桌子、小台灯等家庭日常所用的家具,这些小家具多是以成套的组合方式出现。从这些家具玩具的造型来看,大都是带有西式生活方式家具的风格特点,很可能是当时的太监从宫外的外国商店中购买给溥仪等玩耍用的。溥仪在长大后喜欢诸如使用西式家具、穿西装、骑单车、听西洋音乐等西式的生活方式,可能与其童年时接触到这些西式家具玩具有很大的关系。

▼ 小圆桌

　　儿童玩耍时所用的道具。桌面直径4.5厘米,高4.5厘米。制作精良,小巧可爱,适合孩子日常玩耍。

---

① (捷克)夸美纽斯:《童年的学校》,第五章,转引自(法)米歇尔·芒松著,苏启运、王新连译:《永恒的玩具》,百花文艺出版社2004年。

3. 其他类家居生活玩具

除了上述的餐饮玩具和西式的家具玩具外，还有一些中国传统的家居生活玩具，诸如草编的小提篮、竹编的小背篓、陶制的小花盆等。这些玩具有的是宫内造办处的匠人手工制作的，也有一些是从宫外的市场上购买回来的。这些小家居用品玩具多精致小巧，皇子、皇孙们可以用来模仿诸如购物、养花等日常生活场景。

◀ 花盆

这件小花盆与日常所用花盆在结构上是一致的，只是形制略小。可适用于儿童模仿种植花草使用。

▶ 藤编花篮

这件花篮编制精细，小花篮中间有提手，方便携带使用。

▲ 藤编小提篮

这件小提篮是用藤编制而成的，可以盛放较多的物品，是宫廷儿童游戏时的道具。

◀ 篮子组合

三件小篮子都是宫廷儿童玩耍时使用的道具，由此可以模仿成年人日常的生活状态。

第二节 人间疾苦手间尝——生产生活类玩具

冯特在《伦理学》中这样论述劳动与游戏的关系,"游戏是劳动的产儿,没有一种形式的游戏不是以某种严肃的工作做原型的。不用说,这个工作时间上是先于游戏的。因为生活的需要迫使人们进行劳动,而人在劳动中逐渐把自己力量的实际使用看作是一种快乐"。从这个意义上说,游戏来源于日常的劳动,又是劳动的升华。① 模仿日常生产生活的玩具也是清宫生活类玩具中重要的一类,这些玩具既有日常生产、劳作的器具,如纺车、人力车、捕鱼船等;也有一些是日常生活所用的工具,如鸟笼、水烟袋、如意等。这些玩具基本上都是当时社会经济发展水平的再现,或是当时一些生活习俗的表现。下面结合故宫博物院所藏的相关玩具来看。

▲ 鸟笼船

提笼架鸟是八旗子弟的生活方式之一,将鸟笼做成船只的形状,对于儿童加深对船只和鸟笼的认识都很有帮助。这只鸟笼船在制作的细节上是十分精细的,船锚、旗帜等都非常逼真。

---

① 王定璋:《猜拳·博戏·对舞:中国民间游戏赌博习俗》,四川人民出版社2003年版,第28页。

皇帝的小玩具

1. 小纺车

中国自古以来男耕女织的生活方式决定了纺车在中国古代家庭生活中的地位。纺车代表着妇女的一种生活状态,这在古代儿童过家家时是必不可少的一类玩具。同时玩具纺车作为一种机械器具,不仅可以锻炼身体的协调性,同时可以帮助儿童认知机械的内部结构。清宫这类玩具大都是太监们从市场上购买来的,也有些是宫廷造办处制作的。从故宫博物院所藏的手摇纺车玩具实物来看,属于家庭生活中的便携式纺车。这种纺车自宋代开始出现,一直延续到现代。这件竹纺车构造相对简单,由木架、轮毂、摇柄、支架等部分组成,上面还残存着部分棉线。纺车的手柄处有明显的摩擦痕迹,所附棉线也有使用过的痕迹,这表明这架纺车是宫廷儿童曾经玩耍过的。

▲ 竹纺车

这件纺车长14厘米,宽8厘米,高18厘米,其构造相对简单,由木架、轮毂、摇柄、支架等部分组成,上面还残存着部分棉线。

2. 人力车

公共交通的发展是城市现代化的重要组成部分。近代中国的"交通革命"是从人力车开始的。人力车,又名黄包车,最早是于1874年由法国侨民带入上海,从而进入中国人的生活的。19世纪末20世纪初，人力车逐渐由上海传入沿海其他及内地城市，由于这种人力车廉价、快捷、方便、省力，使其很快完成了对轿子等旧式交通工具的超越，推动

▲ 人力车玩具

了城市交通体系的发展。① 这种影响着社会发展进步的交通工具对清末民初的中国城市居民的影响是非常大的，正如《沪游杂记》中所记载："东洋车（人力车），双轮旁转，前支两木系一小横木，一人挽而曳之。人以价廉，随地雇坐。"② 这种在城市随处可见的交通工具也成为玩具制造的造型来源。在故宫博物院就存有一件银质的人力车玩具，这件人力车玩具通体为银质，由一位戴草帽的车夫和一辆造型逼真的人力车组成，车的构造比例大小适中，与真正的人力车非常相似。对于生活在宫廷里的皇子和小皇帝们来说，他们是少有机会乘坐这种近代交通工具的。但通过这种玩具，皇子们可以更为深入地了解宫廷外部世界的变化及交通工具的发展情况。

---

① 参阅邱国盛：《人力车与近代城市公共交通的演变》，载《中国社会经济史研究》2004年第4期。
② （清）葛元煦著，郑祖安标点：《沪游杂记》，上海书店出版社2006年，第71页。

3. 小网鱼器

对于日常生活在宫廷的小皇子们来说,捕鱼无疑是一件很有诱惑力的事情,但皇子们特殊的身份和所处的环境使得他们不可能亲自体验到这种生活。因此,这种玩具也就成了

▲ 捕鱼船

他们认识这种生活的一种绝佳的途径。从故宫博物院所存的这件小网鱼器来看,其下为支架,既模仿渔民家庭房屋构造,又可支撑玩具上面的部分。支架上面前部是一件带网的捕鱼器,并有一渔民手持绳索控制着捕鱼器,其身后为一间茅草屋。在捕鱼器上面悬挂着一件木牌,上面有"茅寮""渔人"等文字,这些正是渔民家庭生活的真实反映。

4. 小烟具

清代宫廷中的吸烟风气很盛,据李伯元的《南亭笔记》记载:"北京达官嗜淡巴菰者十而八九,乾隆嗜此尤酷,至于寝馈不离。后无故患咳,太医曰:'是病在肺,遘厉者,淡巴菰也。'昭内侍不复进。未几病良已,遂痛恶之,戒臣僚勿食,著为训。"[1]然而乾隆帝的训令并未维持多长时间。到清后期,

---

[1] (清)李伯元:《南亭笔记》,凤凰出版社2000年版。

▲ 小水烟袋

这只小水烟袋,宽2.5厘米,高8厘米,在质地、造型、纹饰和内部结构方面与成人的水烟袋并无二致,不仅可以当作玩耍的工具,甚至可以当成真正的烟袋来使用。

宫内又逐渐"烟雾缭绕",上至慈禧太后、光绪帝,下到杂役太监,吸烟者比比皆是。曾为太监的马德清在《清宫太监回忆录》中回忆:"那时候清宫里的主子抽水烟、旱烟成了生活中的常事。一般是饭后抽水烟,平时抽旱烟。"① 水烟的轻雾让皇子们在耳濡目染中早早地就开始习惯这种生活方式。在皇子们的玩具中也有一些小的水烟袋,这大抵是皇子们日常游戏时模仿成人吸烟的道具。从故宫博物院所藏的小水烟袋来看,在质地、造型、纹饰和内部结构方面与成人的水烟袋并无二致,完全可以当作吸烟的实用器具来使用。

5. 小如意

如意,又称"握君""执友"等,是由古代的笏和搔杖演变而来的。据称,如意原本是古人平常作为挠痒所需的爪杖,其头部呈弯曲回头之状,顾名思义,"回头即能够称心如意",遂美其名曰"如意"。如意也是佛家重要的法器之一,《释家要览》有"如意之制,盖心之表也,故菩萨皆执之,状如云叶"。

---

① 马德清等述,周春晖记:《清宫太监回忆录》,载《太监谈往录》,紫禁城出版社2010年版。

▶ 小如意及小水烟袋

此如意及烟袋,皆为银质。其中小如意长7厘米,宽2厘米。

如意在清代宫廷生活中占有重要的地位,几乎所有的宫殿中都有如意陈设,在大臣进贡的贡单上,第一件贡品也常是如意。在故宫博物院所藏的玩具实物中,也有些小的如意。这些小如意多为金属质地,以银或铜为主,不易破损;造型上与大的如意相较更为简单,多是一如意头下配一长柄,其大小很适合儿童玩耍使用。

第三节 舶来天使笑颜开——洋娃娃

在故宫博物院所藏的生活类玩具文物中,除了中国传统的玩具外。在晚清及逊清小朝廷时期,一些西方的生活类玩具也进入宫廷,成为宫廷玩具中重要的组成部分。这些玩具包括各类洋娃娃、西式家具玩具等。

在西方,最初玩具娃娃是用于祭祀活动的,那些正值青春妙龄的女孩,向女神敬献心爱的娃娃,以求神灵赐予爱情、婚姻,保佑多生子女。其后,娃娃逐成大众化的娱乐性玩具。因

▶ 小铁床

晚清及逊清小朝廷时期，符合西式的生活方式大量器物等进入宫廷，包括西式家具、电器、餐具等。这件小铁床完全是西式的，包括床的结构、装饰等。它也是西方生活方式在儿童玩具中的反映。

为娃娃具备模拟真人的特性，因而最接近生活，也就最能凸显主人的种种心理活动。当小主人自己扮演成家长，面对娃娃温馨地向她倾诉，或视娃娃为小姐，仿照家中保姆素日训人的口吻，令其坐下、站着，甚至于怒气上升要动手打。有的小主人积极地为娃娃选择漂亮的裙子与饰品，将其装扮成贵族的气派。这从中培养了小主人自身的审美情趣，增强了高贵的意识。以至于娃娃是小主人的"女儿"，"是女孩承担未来母亲的必备品"。这些无疑是小主人在玩赏娃娃中表现出的善良、美好、乐观及暴躁等种种情绪。许多家长就是根据孩子与娃娃之间所产生的行为举止，再进行有针对性的教育。从大量出土的陪葬品来看，我们似乎可以得到这样一个结论：玩具娃娃大抵是小女孩最爱；娃娃不仅在少女生前与之形影不离，人去世后依然作为主要的陪葬品，伴随在主人的身旁。其实不然，娃娃以它娇美的身躯，端正的五官，柔情的面孔，吸引着成千上万的婴童、少男少女，乃至贵妇人。至18世纪，小小的娃娃已被提到用于道德教育的高度。尽管玩具娃娃在人类漫长的历史中，不断变换着它的身份，但是人们制作并改进它的技术却在不断提升。

为适应人们对娃娃日益增长的种种需要，对其的制作技

术也不断发生变化，娃娃的造型也更加多样。最初的陶塑娃娃，高多在10～15厘米之间，后又制造出13～18厘米的较大的娃娃；由于采用两个模子塑造，娃娃的膝盖能够活动。迟至公元前4世纪、公元前3世纪，玩具娃娃的结构发生了更大变化，其腿、肩关节是活动的。人们充分利用这一特点，将娃娃的造型尽情变化。舞女型娃娃，使之手持音乐响板，或舞蹈响板；戏剧演员、杂耍演员、音乐家、罗马士兵等，不一而足。摆弄娃娃时，主人完全依身份而令其做各种相应的动作，使简单的静态娃娃发挥出极大的娱乐效果。

▲ 洋娃娃

近代，西方文化进入中国，大量含有西方元素的玩具也随之进入宫廷。洋娃娃即其中之一，它不同于中国传统的戏人等人物玩偶，更多的是西方儿童的造型。这种令人耳目一新的玩具受到了宫廷皇子和公主们的喜爱。

直至18世纪，西方社会出现从事玩具娃娃专业化生产的生产商、批发商以及相关的销售市场。后历经19世纪良性循环的运作，玩具娃娃漂洋越海，逐渐走向世界各地。迟至20世纪初以后，在中国市场中，被百姓们称为洋娃娃的玩具，同其他类西方制造的玩具，开始出现在销售柜台上。当然，真正享有洋娃娃快乐的只是少数富家子弟和宫廷皇室而已。

至于当时宫廷内，西式娃娃的来源则是多渠道的，有的来自朝廷官员进贡物，有的直接得于外国使者进献的礼物，更多的则是宫廷相关机构在市场上购得的。玩具娃娃进入宫廷后，主要为小皇帝等皇家子弟所有。从现存实物来看,有从外国进口的坐姿洋娃娃,外附长方形玻璃罩,这是供欣赏的娃娃;有全身的娃娃,身着桃粉色连衣裙,双目睁闭自如,关节根据需要可做各种造型,无论从服饰、形体,还是从面容看,它都是不可多得的玩物。躺在床内的这件玩具娃娃,虽是外国制作物,但其发式是中国现实生活中小姑娘的梳妆法;虽然眉毛下的双眼呈碧蓝色,但身上衣装是中国传统式样的着装,甚至鞋袜,也与中国传统服饰相一致。正因如此,这是一个中西合璧式的娃娃,从中也反映出当时的外商为打开销路,获得更

▲ 洋娃娃

这件洋娃娃躺在西式风格的小床上,这完全是西方儿童生活的场景。

多的利润,按中国传统审美而特别设计了产品。这些娃娃很少是单一的存在,通常配以盒或床,如床上罩绸、纱幔帐,为娃娃营造一种温馨舒适的氛围。

这几件娃娃最早当是光绪时期以新奇之物进入宫廷的。当不足3岁的溥仪在哭闹中登上宝座,成为一国之君,此后在漫长的宫廷生活中,娃娃很可能是供他玩耍的可心玩物。到1922年他举行婚礼,此时的皇帝、皇后仍不满20岁,也正是玩心大盛的年龄。在婚后闲暇之际,皇后婉容也可能玩赏过这类洋娃娃。

皇帝的小玩具

第五章 体育类玩具

毛泽东同志在给《新体育》的题词中写道："要活动，要游戏，是儿童的天性。"少年儿童具有精力充沛、活泼好动的天性，将走、跑、跳、爬、越等人类活动融入富有娱乐性和竞技性的体育类游戏。这些游戏往往受到儿童的青睐，可以激发儿童对体育的兴趣。这些体育类游戏不仅有助儿童的身体发育，对其心理发展也有重要的帮助。①

满族以骑射取天下，因此历代统治者都非常重视体育活动。有如木兰秋狝的大型行围活动，也有两人之间的摔跤比赛等。在清代宫廷中，也有大量适合少年儿童的体育竞技类游戏活动，包括投壶、射箭、踢毽子、跳绳、钓鱼、溜冰、摔跤等，溥仪甚至在逊清小朝廷时期还参与诸如打网球等体育活动。在这些活动中留下了很多相关的器具，通过这些器具，我

---

① 参阅郭井双，潘秀丽，汪作朋：《体育游戏对3~6岁学前儿童心理发展的影响》，载《哈尔滨体育学院学报》2012年第2期。

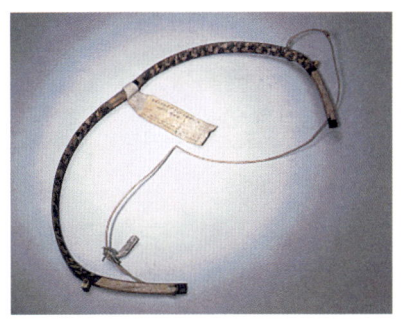

▶ 康熙皇帝御用弓

这是康熙皇帝御用的桦皮弓，长178.5厘米。弓面贴牛角，背贴染色桦皮。弓梢处包嵌牛角，骨质垫弦，附有弓弦一根。另附有满汉文皮签，上书"圣祖仁皇帝定把花面弓 七力半"，"圣祖仁皇帝御用定把花面桦皮弓一张 康熙三十七年恭贮"。

们可以管窥清宫的体育游戏活动，并对皇子们等在宫廷参与体育活动的情况有所了解。

第一节 射是朝家夙所长——射箭

1. 射箭溯源

射箭是古人谋生的技能之一。20世纪60年代我国山西峙峪遗址出土了27000多年前的石簇，这种石制箭头的出现，证明当时人们已经开始使用弓箭。正如马克思所说："弓箭对于蒙昧时代，正如铁剑对于野蛮时代和火器对于文明时代一样，乃是决定性的武器。"[①] 有了弓箭，狩猎的效率大大提升，从而保证了人们获取更多的食物。商代，随着青铜冶炼技术的进步，金属箭头出现很大程度上提升了当时作战或狩猎的水平。西周时期，射箭活动被纳入六艺之中。春秋战国时期，

---

① 《马克思恩格斯选集》，人民出版社1972年，第4卷，第19页。

由于战争频繁,各个诸侯国开始重视射术的提升。当时魏国的宰相李悝颁布了"习射令",规定:"人之有狐疑之讼者,令之射的,中之者胜,不胜者负。"于是就出现了"人皆疾习射,日夜不休"的场景。在这种全民重视射术的环境下,出现了一些著名的射手,如楚国的养由基,据载他"善射,去柳叶者百步而射之,百发百中"。成语"百步穿杨"即来源于此。战国时期,赵武灵王引入游牧民族的骑射之术,一时称雄天下。

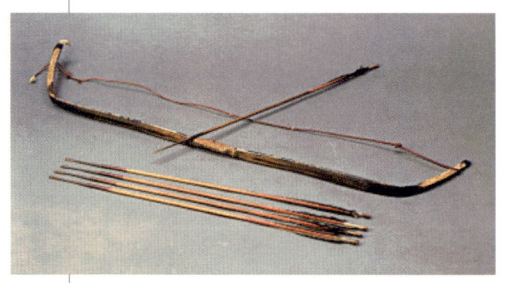

▲ 木黑牛角桃皮弓

皇帝御用弓,长145厘米,最宽处25厘米。这组弓箭中有一张弓和五只箭,是完整的一组弓箭的搭配。

到秦汉时期,随着国家大一统局面的出现,战争的对象发生了变化,从战国时期的诸侯国混战变成与边境的游牧民族之间的战争。这种战争形式的变化更使得当时的王朝重视射术的培训,汉代出现在了诸如"飞将军"李广等射术精良的将领。《汉官解诂》记载:"旧时以八月都试,讲习射力,以备不虞。"可见射术已经成为当时官员考核的标准之一。在河南郑州曾出土过一块汉代的画像砖,上边有骑马射鹿的场景,也展示了当时骑射的盛行。也是从两汉时期开始,射箭逐渐成为军事体育的常备比赛项目之一。

唐代,射箭开始成为武举的考核内容之一。宋代出现了诸如"弓箭社""射弓踏弩社"等民间的体育射箭组织,仅今河北一带就有类似的社团近600个。① 元明清时期，骑射作为军队的主要的技能进一步得到强化。清朝以弓马立国，弓箭是士兵的主要技艺，并形成了一整套日常训练、考核的制度。顺治年间，规定领侍卫三旗，每月习骑射二次，布射四次；八旗骁骑营每月较射六次。其后制度虽有变化，但大都在此基础上进行强化。

除了军事上的功用外，射箭在西周时期就已经被纳入到了礼的范畴。在《周礼》《礼记》文献中，"射艺"作为一项重要的礼仪考核规范出现，中国古代的射礼一般包括四类，即大射、宾射、燕射和乡射。大射是天子、诸侯用射箭选择参与祭祀的人而举行的礼仪，宾射是诸侯朝见天子或诸侯相朝举行宴会后举行的射礼，燕射是天子与群臣宴会及娱乐活动时的射礼，乡射是日常娱乐活动时举行的射礼。② 中国古代的射礼变化形式不大，一直延续了早期形成的规制，只是在具体的一些细节上有所变化。

▲ 清人画弘历射兔图轴（局部）

画中，乾隆皇帝端坐白马之上，持弓射箭，展现了乾隆皇帝的英武之姿。

---

① 参阅蔡治淮：《体苑撷英——古代民俗节令体育及其他》，载《紫禁城》2008年第6期。
② 范广军：《古代射礼渊源考略》，载《档案》2011年第6期。

2. 明清宫廷的射箭活动

在故宫博物院内藏有一副明代的《朱瞻基行乐图卷》，描绘的是明宣宗朱瞻基在御园观看各类体育活动的场景，包括射箭、蹴鞠、马球、投壶等，场面宏大又细致入微，生动地表现了当时宫廷的一些娱乐活动。射箭部分位于画作的最右边，描绘的是宣宗观看射箭比赛的场景。明宣宗朱瞻基幼年受到军旅训练，多次随成祖出征，谈迁在《国榷》中列举何乔远对宣宗的评语："岁秋冬巡边阅武，亲橐鞬骑射，威震乎殊俗。"这种年少之时的训练为其后举办各类体育活动打下了良好的基础。从《朱瞻基行乐图卷》中，我们可以看出当时明代射箭比赛的一些规则，箭靶与射箭人员的距离大约为50米，箭靶的标明非常清晰，不同区域可显示不同的成绩。从射箭人的站位、搭箭动作和扣弦等动作可以看出，当时射者的射箭技术已经非常高超。

▲ 朱瞻基行乐图卷·射箭

该绘画描绘的是明宣宗观看射箭比赛的场景。《朱瞻基行乐卷》，绢本，设色，纵36.7厘米，横690厘米。

清代历代统治者都十分重视骑射技术的培养和锻炼。在清代中前期，每年的木兰围猎活动，皇帝都要亲自参加，雍正皇帝曾降旨："后世子孙当遵皇考所行，习武木兰，毋忘家法。"乾隆皇帝也说："射是朝家夙所长，承平游豫那宜忘。"正是这种保持骑射的传统，使得清代前期的武备依然处在很高的水平。在故宫博物院中有一幅郎世宁创作的乾隆皇帝围猎的《弘历射猎图轴》，描绘了乾隆皇帝在南苑围猎的场景。从绘画中，我们可以看出，乾隆皇帝张弓搭箭，其射箭的姿势非常标准。在清代皇帝的御制诗中，也有很多是描写射箭活动的，如乾隆皇帝的《题射兔玉鞢》中有"步射已疎马射可，

▼ 弘历射猎图轴

　　此图是由清代宫廷御用画家郎世宁等人创作的绢本设色画。其纵115厘米，横181.4厘米。画作表现了乾隆皇帝和大臣在南苑围猎捕射野兔的场景，通过骏马上精悍的人物和狂奔逃命的野兔，展示了乾隆皇帝娴熟的骑射技艺和尚武精神。

一驰三获惭犹生。却嗤御箭中双兔,何致誇吟薛有诚。"可见乾隆对射中三只野兔仍不满足,在诗注中有"向在南苑,曾一围猎,中八兔,有诗记之。今只获三,不如昔矣"[1]。乾隆曾有射中八只野兔的记载,看来是对自己的射术很有信心。

第二节 文士风流非所慕——投壶

与射箭相类似的游戏是投壶,投壶是古老的投射游戏之一,早先多用于天子、诸侯宴宾客和礼仪交接的场合。投壶较胜负,负者往往会被罚酒,或从事作诗等较为文雅的活动,因此投壶还被视为酒令游戏。投壶游戏从春秋时期一直延续到清代,是为中国古代文人雅士所推崇的游戏之一。

1. 投壶的起源

投壶在中国出现的时间很早,北宋的司马光在《投壶新格》中认为:"(投壶)其始必于燕饮之间,谋以乐宾,或病于不能射也,举席间之器以寄射节焉。"明代的汪禔在《投壶仪节》中说:"投壶,射礼之细也,燕而射,乐宾也。庭除之间,或不能弧矢之张也,故易之以投壶。"从这两种记载来看,投壶是射礼的一种变异形式,即宴席宾客中有人不适合射箭或场地不适用射箭,因此采取以矢代箭,以壶代侯。《左传·昭

---

[1] (清)爱新觉罗·弘历:《御制诗初集》四集,卷八十七。

▲ 朱瞻基行乐图卷·投壶

该绘画展现了明宣宗朱瞻基玩投壶游戏的场景。从绘画中我们可以看到，当时比赛的一些规则。投掷者要离开投壶一段距离，所用的箭也有区别，如绘画中明宣宗所用的是红色的箭，从其手持准备投掷和身旁的侍从所捧之箭可以看出，投壶中红色的箭全部投中。

公十二年》记载："晋侯以齐侯燕，中行穆子相。投壶，晋侯先，穆子曰：'有酒如淮，有肉如坻。寡君中此，为诸侯师。'中之。齐侯举矢，曰：'有酒如渑，有肉如陵。寡人中此，与君代兴。'亦中之。"[1]这里所讲的是齐国国君齐景公到晋国贺新君登基，其间晋侯和齐侯举行投壶比赛的情况。这是目前所见的最早的关于投壶活动的记载[2]。

投壶自出现后，受到士大夫阶层的广泛欢迎。特别是在两汉及魏晋时期风靡一时。在《后汉书·祭遵传》中记载："遵为将军，取士皆用儒术，对酒设乐，必雅歌投壶。"当时，"雅歌投壶"成为一种时尚，在汉代画像石上就有士大夫投壶作乐的场景。魏晋之后，随着各种酒令活动的增加，投壶活动减少，逐渐成为一种清雅的运动方式。宋元明清时，投壶仍旧流行，方法也日趋复杂。司马光等人制定出复古春秋的规则，创造出更多新奇的玩法。关于投壶的规则，《礼记》中记载："投壶之

---

[1]（春秋）左丘明撰，王守谦、金秀珍、王凤春译注：《左传全译》，贵州人民出版社1990年版。
[2] 参阅王少良：《"投壶"与古代士人的礼乐文化精神》，载《沈阳师范大学学报（社会科学版）》2012年第3期。

礼,主人奉矢,司射奉中,使人投壶。主人请曰:'某有枉矢哨壶,请以乐宾。'"关于投壶所用的箭,一般为竹制,两头圆滑,室内投壶的箭一般两尺长,堂上用两尺八寸,而庭院的则多用三尺六寸的箭。明末王向在《投壶奏矢》中记载当时投壶有所谓的春睡、听琴、倒插、翻蝴蝶等140余种投法,可谓名目繁多。至清代,作为骑射定天下的王朝也十分重视射礼的传承,投壶在宫廷中依然存在,并成为后妃和皇子们游戏的器具。

2. 清宫的投壶赏析

(1)此铜投壶 a 为乾隆御用投壶,通高55.8厘米,口径7.3厘米。投壶头部饰两道回纹边,周围附4个小耳,耳部纹饰与头部相同,均为两道回纹。壶颈为节竹样式,中间为小篆体的乾隆皇帝御制诗一首,两端成对称格局,别致优雅。壶肩部为连珠纹饰,而壶身主体无纹饰,淡雅自然,两端配饰以蕉叶纹,寓意"富贵高洁"。壶身两边各有龙头手柄一个,不仅使壶本身更加美观,且使投壶更有生活气息。壶底部用如意云纹缠绕一周,寄托了铸造者"吉祥如意"的愿望。整个投壶构造精细,样式别致,图案文字清新自然,给人一种畅欣舒适的感受。如皇子们使用,在游戏的同时会学习到一些文化知识,会起到寓教于乐的作用。投壶附有四支竹箭,竹箭两头宽,中间较细,适宜投掷。

▲ 投壶 a

▲ 投壶 b

（2）此投壶 b 为乾隆时期宫廷所制铜光素投壶，通高57.8厘米，口径9.8厘米。壶整体为黄铜所制，头部附双耳，口径宽大，壶颈修长，整体结构素雅别致，落落大方；壶身光洁，没有任何的花纹装饰，样式考究，凝重典雅，充分体现了皇家大气与稳重。

（3）此投壶 c 为乾隆御用投壶，通高44.5厘米，壶口径6.7厘米。投壶通体凸雕花纹，头部主体为夔龙纹，两边饰以回纹边，双耳各有三道回纹边，内有夔龙纹和莲叶纹。夔龙象征着天子，莲叶纹彰显了投壶这种游戏的儒雅性。颈部两端为蕉叶纹饰，富丽高洁，中间方形四面为小篆体的乾隆皇帝的御制诗文，并有"乾隆戊辰御制并题"落款。壶肩部有连珠纹、如意云纹和缠枝莲，寓意"吉祥如意""富贵高洁"。壶腹纹饰以夔龙纹为主体，间以回纹边饰，底部为蕉叶纹的底托。此投壶整体花纹古朴，造型凝重，儒雅稳重，文字装饰与花纹图案相得益彰。此投壶上附有竹箭四支，竹箭以金线花纹装饰，非常亮丽。

▲ 投壶 c

从故宫博物院所藏的投壶实物来看，这些投壶多是乾隆时期制作的，材质均为铜质，在造型上多以仿古的造型为主，且很多投壶上有乾隆皇帝的御制诗。这些投壶反映了乾隆皇帝对古代文化的推崇，特别是一些复古的游戏更是受到乾隆皇帝的重视。乾隆皇帝《咏投壶》曰："文士风流非所慕，先王制作至今存。诗歌狸首乐推雅，酒奠丰觥语戒喧。宾主雍歌欢既洽，降升揖让节堪论。哨壶枉矢虽微物，我欲因之一讨源。"① 由此可见，乾隆皇帝对这种文雅游戏是非常推崇的。

第三节　使践冰而步逾疾——冰嬉

乾隆十年，其曾作长篇骈文《冰嬉赋》，在其序言中有："陆行之疾者，吾知其为马。水行之疾者，吾知为舟、为鱼。云行之疾者，吾知为鲲鹏、雕鹗。至于冰，则向之族，莫不躄跙、胶带、滑擦，而莫能施其技。国俗有冰嬉者，护膝以苻，牢鞋以韦。或底含双齿，使齿凌而人不碚焉，或篙刀如铁，使践冰而步逾疾焉，较《东坡志林》所称，更为轻利便捷。"② 乾隆皇帝在序言中详细介绍了清代三大"国俗"之一的冰嬉。这种冰上运动是清代独具特色的宫廷体育活动，也是中国古代冰上运动发展的最高成就。

▲ 清人书《御制冰嬉诗册》

此册是乾隆皇帝描写冰嬉活动的诗册，对冰嬉的起源、装备、游戏规则等进行论述，特别描写了清代皇家的冰嬉盛典，展现了清代冰嬉盛大的活动场景。

---

① （清）爱新觉罗·弘历：《御制诗初集·二集》，卷五。
② （清）爱新觉罗·弘历：《御制文初集》，卷二十四。

1. 清代的冰嬉

冰上运动起源很早,《北史》中记载:"南室韦北行十一日至北室韦……地多积雪,惧陷坑阱,骑木而行。"这里的"骑木而行"就是冰上行走。此后,冰上运动一直延续发展,但出现真正的冰嬉活动,是在清代。冰嬉,又被称为冰戏,是清代冰上运动的总称,包括冰上的竞技、表演和各种游乐节目。冰嬉起源于满族习俗,东北地区冬日寒冷,冰雪运动一直是这里的主要的运动项目之一。正如《中国古代体育》中所讲:"冬春之际,冰雪载地,凡薪米器用,皆用冰床载用,犬数十负之而行,驱以长鞭,驰数百里。遇冬日坚冰,足蹈木板,溜冰而射,其妇女尤善伏肇捕貂。"[①]可见当时冰上活动在满族生活的地区已经成为冬日日常出行所必备的技能。

除了全民参与冰上运动外,统治者的大力提倡也推动了冰上运动的发展。《满文老档》记载,天命十年正月初二日,努尔哈赤在太子河的冰场上举行了男子冰上球赛和男子、女子冰上竞赛。时文记载:"汗率众福晋,八旗诸贝勒、福晋,蒙古诸福晋,众汉官及官员之妻,至太子河冰上,玩赏踢球之戏。诸贝勒率随侍人等观球二次之后,汗与众福晋坐于冰之间,命于二边等距离跑之,先至者赏以金银,头等各二十两,二等各十两。跑时摔倒于冰上者,汗观之大笑。遂杀牛羊,置

---

① 参阅任海:《中国古代体育》,商务印书馆1996年版,第四章"古代滑冰"。

席于冰上。"① 从这段文献记载来看，努尔哈赤率领当时满族的统治集团在太子河冰上举行踢球、赛跑游戏，并在赛后就地设宴庆祝。又据《清语择抄》记载，努尔哈赤曾经被围困于墨尔根城，处境危险，后借助滑冰才得以解脱。后努尔哈赤便将溜冰列入八旗军队的军事训练项目。这种由上层统治者的大力提倡并发展的运动后逐渐演变成清代的"国俗"。②

清朝入关定鼎中原后，这种冰嬉运动也被带到了北京地区。顺治和康熙时期，由于战争频繁，冰嬉还主要是作为八旗兵训练和娱乐观赏相结合的冰上体育运动。到乾隆统治时期，随着社会的稳定和经济的发展，乾隆皇帝大力弘扬冰嬉，宫廷举办了丰富多彩的冰嬉活动，并逐渐演变成为大型盛典活动。乾隆皇帝还将"冰嬉"列入《大清会典》，使其成为国家典制，并组织了"技勇冰鞋营"的兵种，使"冰嬉大典"成为常例。

2. 清宫冰嬉大典

（1）宫廷冰嬉大典的规制。乾隆时期，清代宫廷的冰嬉大典发展到顶峰，"冬日水泽腹坚，则陈冰嬉于此，循国俗修武事，而习劳行赏之意寓焉"，"每岁冬间，太液冰坚，令八旗与内府三旗简习冰嬉之技，分棚掷采球……上皆轮番阅视，按等行赏，以为常例"。冰嬉大典举办的方式、程序都有其计划，按照规定进行训练，形成制度化、程式化。清代宫廷冰嬉大

---

① 中国第一历史档案馆编：《满文老档》，中华书局1990年版。
② 参阅张雅晶：《清代冰嬉的盛与衰》，载《北京观察》2013年第2期。

▲ 冰嬉图卷（局部）

此图卷是由清代宫廷画家张为邦、姚文瀚等人创作的一幅绢本设色的绘画。其纵36.5厘米，横563厘米，绘画中，从上三旗中精心挑选出的官兵被分成几组，进行表演比赛，展现了当时宫廷冰嬉活动的盛大场景。

典的一切器具、服装和设备等均由内务府提供。内务府每年从八旗健锐营中挑选"善走冰"者，设立专门训练的"技勇冰鞋营"，兵丁称之为"冰鞋"。在清朝最鼎盛之时，"技勇冰鞋营"人数达到近五千人，分设翼、营、队和堆。"每冰技术者，每四营为一翼，设翼长。营辖五队，队设队长。每队辖五堆，堆设堆长。"从管理体系上看，这种设置与八旗的设置基本类似，分工细致明确，有助于训练和表演。对于在冰嬉中表现突出的人员，宫廷会按照定例给予赏赐。"一等三人，每人赏银十两。二等三人，每人赏银八两。三等三人，各赏银六两，其余兵丁，每人赏银四两。"从赏赐中可以看出，当时宫廷对冰嬉是非常重视的。

（2）宫廷冰嬉大典的项目。

A.抢等。抢等即速度竞赛，在《帝京岁时纪胜》中记载："冰上滑擦者，所着之履皆有铁齿，流行冰上，如星驰电掣，争先夺标取胜。"从描述上看抢等类似于现在的速度滑冰，即穿冰鞋滑行，先到者为胜。

B.抢球。与抢等不同，抢球是一种集体项目，由多人参加，分成两队，用手抢夺球，并投掷到对方的球门中。"驾前分棚掷鞠，健步争先手承"，从描述上看，这种比赛类似于冰上手球，进球多的一方取胜。

C.转龙射球。这是一种将射箭技术与滑冰融为一体的运动。比赛时，八旗各出一队。在旌门上悬挂一球，称为天球，下边挂一球，称为地球。比赛时，分别射天球和地球，以射中次数决定胜负。正如时人在《燕都杂咏》中所说："弯弧兼肄武，仰射采球圆。"这种具有军训性质的项目在娱乐中也增强了军事技能。

D.摆山子。摆山子属于冰上集体表演节目，近百名表演者在统一指挥下，动作整齐划一。在清宫廷的冰嬉活动中，摆山子属于难度相对很高的项目，不仅要求参与者具有很好的冰上技巧，同时还必须整齐划一，对训练的要求很高。

E.滑冰。这类滑冰属于花样技巧滑冰，表演的人数不定，表演节目自选，集竞技性和娱乐性于一体，具有很强的观赏性。乾隆时期，花样滑冰的表演者还吸收了武术、杂技等技巧，创造出冰上杂技表演。①

从清宫廷冰嬉的这些冰上项目来看，它们与现在我们所熟知的冬季奥运会冰上项目基本类似，有速度型、技巧型、个

---

① 参阅王聪：《清代皇家冰嬉大典》，黑龙江大学2015年硕士学位论文。

人及团队合作型等多种形式。冰嬉融合了射箭、杂技运动，内容十分丰富，可谓一项综合性的冰上运动盛会。

第四节　圆转相击随高下——踢毽子

1. 踢毽溯源

毽子，是一种用鸡毛插在圆形底座上做成的游戏器具。毽子在古代被称为"抛足戏具"，清人翟灏在《通俗编》卷三十一"毽子"条中记载："《吴氏字汇补》：'毽，抛足之戏具也。'"早在汉代时候，踢毽子游戏已经出现。魏晋南北朝时期，已经有人可以熟练的踢毽子，堪称高手。唐代释道宣在《高僧传》中提到三国时魏国嵩山少林寺天竺僧人时说："沙门慧光年立十二，在天街井栏上，反踢蹀躇，一连五百。""蹀躇"就是毽子，反踢即用脚外侧踢，可见少林僧人脚上功夫之佳。到隋唐时期踢毽子游戏已经在民间开始流行。踢毽子的基本玩法是将毽子踢起，以接毽次数多少而不失落者为胜。宋代高承在《事物纪原》中记载："今日小儿以铅锡为钱，装以鸡羽，呼为毽子，三五成群走踢，有里外廉、拖枪、耸膝、凸肚、佛顶珠、剪刀、拐子名色，亦鞠之遗事也。"[①] 此处提到的"拖枪、耸膝、凸肚、佛顶珠"等均是踢毽时常用的变化技

---

① （宋）高承：《事物纪原》，中华书局1989年版。

巧。宋代还出现了专门售卖毽子的小商人，在《武林旧事》中记载，临安城内有经营毽子、风筝、象棋、弹弓等各种小商品的商铺。明清时期，踢毽子游戏已经在民间广为流行。在《百戏竹枝词·踢毽儿》中有："缚雉毛钱眼上，数人更番踢之，名曰'攒花'，幼女之戏也。踢时则脱裙裳以为便。"《燕京岁时记》中有："毽儿者，垫以皮钱，衬以铜钱，束以雕翎，缚以皮带，儿童踢弄之，足以活血御寒。"可见明清时期的踢毽子多为儿童游戏，毽子的形式和游戏规则从古至今未发生大的改变。《帝京岁时纪胜》记载："都门有专艺踢毽子者，手舞足蹈，不少停息，若背若面，若背若胸，圆转相击，随其高下，动合机宜，不致坠落。"[①]这说明当时有专门以踢毽子为生者，其技艺水平很高。

2. 清宫里的踢毽子游戏

清宫里也盛行踢毽子游戏，在《宫女谈往录》中详细记载了清宫宫女踢毽游戏的过程。"踢毽是宫里通行的玩耍，我们踢毽大都在傍晚时体和殿前边，冬春季节最盛行。姑姑高兴了也帮助做毽，有时老太后看我们踢，嘴里还念叨着：'你们踢吧，我瞧着你们踢。'这时姑姑们全来讨好，卖弄精神。大家围起来踢，毽就像黏在脚上一样，踢几十脚也不落地。姑姑们专会找机会，这样讨好得脸的事，绝不会落了空子。"从宫

[①]（清）潘荣陛：《帝京岁时纪胜》，北京出版社1961年版。

女的描述中，我们可以看出当时宫里还是很流行踢毽子的，连慈禧太后也都加入观战的行列。

据说光绪皇帝的妃子瑾妃就非常喜欢踢毽子，她的侄子唐海炘曾回忆说："（午休后）吃完加餐，喝完茶，瑾妃亲自带我们到御花园里走走，但更多的时间是在前殿踢毽子玩。踢毽时瑾妃要把大衣襟的下摆拉起来塞到腰搭上，和我赛着踢，对着踢。当她自己踢时，越踢越带劲，有时把毽子踢到前殿挂匾后边，这是宫女便传来小太监用竹竿弄下毽子再接着踢。姑母踢毽子的姿势很好看，前踢、后踢、左踢、右踢，雪白的鸡毛毽子，在姑母脚下来回旋转。太监和宫女们在旁边喝彩叫好，'瑾主妃踢得妙！'就这样，一直提到进晚膳才算罢休。"①

清宫所用的毽子，与民间常见的毽子不同，其制作非常讲究。在《宫女谈往录》中对宫中所玩耍毽子的制作有详细的记载："我们做毽要用鸭子毛，不是普普通通的什么鸭子毛全行，必须要用公鸭子鸭尖上头的那根毛。脊椎骨把鸭子的毛分为两半，只有脊椎骨到最后尾巴的地方，盖在肛门上头，哪儿有根长毛，正长在脊椎当心，孤挺挺地立着，我们就要这根毛。它不往左边歪，也不往右边歪，扎起毽来金枪不倒，而且它的毛绒倒垂下来像把小伞一样，非常匀称。就好像民国以来画报上登的大总统戴的帽子一样，上边有一撮毛，毛耷拉下来像一把小伞。我们的毽就是这样的。""这鸭子毛要用热毛，在

---

① 中国人民政治协商会议北京市委员会文史资料委员会编：《文史资料选编》第十八辑，北京出版社1983年，第177页。

宰鸭子时乘鸭子没死就着热劲拔下来。因为鸭子挨宰时身上一疼浑身一用力,全身的毛都扎撒起来。这样的毛才能挺拔,毛绒才能向下散垂着,毽子由半空落下才比较慢。"除了鸭毛,扎毽所用的底盘铜钱也有讲究。"扎毽用的底盘,要找两个制钱。一是康熙制钱,二是乾隆制钱。就这两种制钱合适,不重不轻,大小般配。康熙钱大一些,正好做底盘的底,乾隆钱略比康熙钱小,但它厚敦,有分量。毽子轻了不行,踢起来飘,重了也不行,压脚。把乾隆钱压在康熙钱上头。用细皮条先把鸭毛扎紧,由上向下通过康熙钱的钱眼,再向两边分开包住乾隆制钱,通过乾隆制钱的眼,逼紧勒直鸭毛,那根鸭毛就像旗杆一样的竖起来了,再用针紧紧钉死皮条,就算成功了。"[1]从宫女的描述中,我们可以发现当时宫里所用的毽子多是自己制作,精选材料,力求轻重合宜。

第五节　但能相搏不能飞——摔跤

1. 摔跤溯源

摔跤是一项古老的运动,司马迁在《史记·黄帝本纪》中记载:"蚩尤氏头有角,与黄帝斗,以角抵人,今冀州为蚩尤戏。"角抵就是摔跤,说明早在上古时代摔跤活动已经出现,并成为先民锻炼身体,提高自身竞技水平的一种游戏方

---

[1] 参阅金易,沈义羚著:《宫女谈往录》,紫禁城出版社2001年,第26~27页。

式。摔跤简单易行，不需要过多的器械装备，因此在世界各地都有流行。在我国古代，摔跤先后有角力、角抵、相扑、蚩尤戏、布库、掼跤等多种名称。秦朝在统一六国后曾经短暂地将这一类运动统称为"角抵"，《文献通考》记载："秦并天下，分为三十六郡。郡县兵器聚于咸阳，销为钟镰。讲武之礼，罢为角抵。"汉代，角抵戏又被列入"百戏"之一，与舞蹈、乐曲、杆技、走索等并称。魏晋南北朝时，角抵又被称为"相扑"，当时出现了两名武士互抓腰带进行搏斗的中国式相扑。公元5世纪，在日本允恭天皇的葬礼上，中国曾派遣特使在日本表演素舞（角抵）致意，这被认为是中国相扑运动传入日本的途径之一。[①]隋唐时期，摔跤运动盛行，宫廷中有"相扑朋"，专门从事相扑表演。民间摔跤也很盛行，在敦煌藏经洞中所藏的《幡画相扑图》，就描绘了唐代相扑的场景。

两宋时期，相扑活动成为城市娱乐活动的重要内容之一，在东京街市上出现了专门的"相扑擂台"，双方有明确的比赛规则和表演形式。在宫廷中，相扑高手则被分成两方面，一方面是用于宫廷娱乐表演，如《东京梦华录》记载皇帝寿辰时，"百官酒三台舞，曲如前，左右军相扑"。这些相扑就是用于表演助兴。另一方面，相扑的高手被选为皇帝的近侍，在《宋史·礼志》中记载："相扑一十五人，于御前等子内差，并前期教习之。"这些内差即皇帝的贴身侍卫，都是身负绝技的。

---

① 参阅邢金善：《"角抵"考释——探究古代摔跤运动的历史演变》，载《东方收藏》2012年第7期。

元代摔跤仍称"角抵",与射箭、骑马并称为蒙古族人的主要竞技活动。由于蒙古族本身善于摔跤,因此社会各个阶层摔跤活动非常频繁,宫廷中有专门的"角抵营",《元史·英宗本纪》中记载:"赐角抵勇士百二十人,钞各千贯。"可见当时统治者对摔跤高手赏赐很高。

2. 清代宫廷的摔跤运动

清代,摔跤运动达到历史鼎盛。清代的摔跤分为两种,一种叫"布库",满语的意思是"摔跤手"或"大力士",是从女真人骑马打仗的"拔里速戏"中发展演变而来的。摔跤时,"布库"的两个武士身穿白色的窄袖短上衣,脚蹬黑色直筒靴,互相扭结,徒手相搏,以脚互相勾、绊、踢为主,将对方摔倒为胜。另一种摔跤叫"厄鲁特",这种摔跤受蒙古族摔跤的影响较大。摔跤时双方袒露上身,赤脚而搏,不仅要把对方摔倒,而且还要按住对方的脑袋使其双肩着地才算取胜。

清代摔跤作为训练军队的重要手段受到统治者的高度重视。在军队中,将官兵士大多是摔跤能手,据说多尔衮就曾用摔跤功夫摔死过蒙古大牦牛,从而获得"神力王"的称号。顺治年间,曾有蒙古喀尔喀部落遣使觐见,并从蒙古带来摔跤高手,按照惯例举行摔跤比赛。蒙古摔跤手连败宫内摔跤侍卫,后由惠顺王将其击败,保全了宫廷的颜面。[①] 1681年,康熙皇

[①] 吕玉环:《清代摔跤发展过程与清朝政治的关系》,载《兰台世界》2014年第2期。

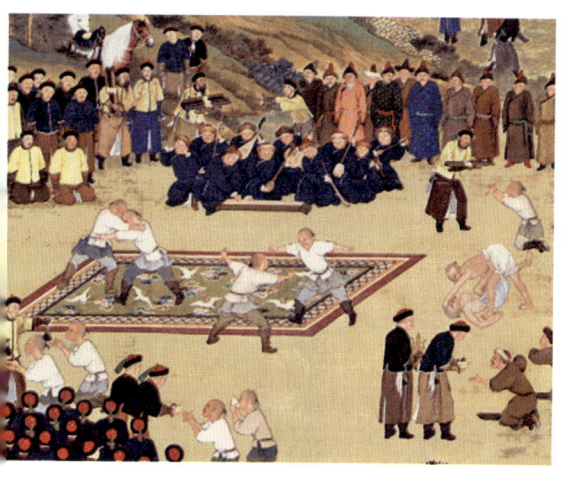

▲ 塞宴四事图·摔跤

《塞宴四事图》是由清代宫廷画家郎世宁创作的，描绘的是乾隆皇帝在木兰秋狝后在避暑山庄举行的赛马、摔跤等活动。

帝开辟了"木兰行围"制度。从康熙朝到嘉庆朝的140多年时间里，清朝皇帝在木兰围场与蒙古贵族、八旗精兵进行射猎活动共计105次。而每次活动中都会举行摔跤比赛。在故宫博物院所藏的《塞宴四事图》中就有摔跤场景。从绘画作品来看，有两种形式的摔跤，一是"布库"式，在绘画中，两对摔跤手脚蹬直靴站在毯子上正在比赛，一组已经扭在一起，另一组则在跳跃伺机寻找对方的弱点。另一种是旁边的"厄鲁特"式摔跤，两名摔跤手袒露上身，赤膊上阵，一名摔跤手已经按住了对方的脑袋，使其双肩着地。旁边另有摔跤手领取奖励——赐酒。

在清代历史上，摔跤曾对政治格局产生过重要影响。康熙皇帝继位时年仅8岁，由鳌拜等四大臣辅政。鳌拜力大无比，曾跟随皇太极、顺治帝征战多年，立有赫赫战功。康熙六年，在索尼去世后，鳌拜独断专行，渐有专横跋扈之势。年幼的康熙皇帝想除掉鳌拜，但由于其功劳大、党羽多，一时难以下手。为此康熙帝以玩耍为名，从上三旗中抽调了几十名年龄与自己相仿，身强力壮的贵族子弟进宫担任侍卫，专门从事摔跤练习，并给这个侍卫队取名"善扑营"。鳌拜数次见到少年训练均不为在意，认为是少年康熙的游戏而已。康熙八年五月，在一切准备停当后，康熙帝召鳌拜单独进宫。鳌拜进宫时被善扑营的少年团团围住，并被他们拿下。康熙帝宣布了鳌拜的数条罪状，将其幽禁。康熙帝除掉鳌拜后才真正掌握实权，为开辟"康乾盛世"打下了基础。正是从康熙皇帝开始，善扑营正式成为皇家侍卫组织，善扑营的将士个个身怀绝技，有一首《竹枝词》专门描写其威仪，"布靴宽袖夜方归，善扑营中个个肥。燕颔虎头当自笑，但能相搏不能飞"[①]。

---

① 参阅向斯：《中国皇帝游乐生活》，新华出版社1994年版，第93页。

第六章　益智类玩具（上）

玩具是儿童的最早启蒙教具，是儿童开发智力，培养学习兴趣的主要载体。中国古代的家长十分重视儿童的游戏活动，创造出一些有益于儿童智力开发的游戏，以提高儿童的认知和思考能力，与这些游戏相伴的玩具可称为益智类玩具。清代宫廷的益智类玩具主要有积木、七巧图、升官图、益智图、围棋、象棋、双陆棋、蒙古棋、动物纸牌等。益智类的玩具融娱乐性和竞技性于一身，可以达到边学边玩的目的，可锻炼逻辑能力，启发思维。

第一节　纵横离合变无穷——七巧板与益智图

1. 七巧板和益智图的渊源

七巧板是中国古代著名的拼版玩具，是由七块薄板组成

的，拼起来为正方形或长方形，分开后也可组成各种图形。七巧板源于宋代的"燕几图"。"燕几"即"宾宴的案几"，是指在宴会上招待宾客的桌子。据传，"燕几图"是由北宋的黄伯思所创，本是为宴会时摆桌椅和盘碟等使用的组合。"燕几图"最初只有六件案几，可拼可分，又称"骰子桌"。后黄伯思的朋友宣谷卿见到骰子桌后十分喜爱，并为之增加了一件小几，使其变化增加，遂改名为"七星"，又称"燕几图"。黄伯思后编著《燕几图》一书刊行于世，在书中对这种游戏方式进行了详细的论述，"燕几图者，图几之制也。几之制，纵横离合，变态无穷，率视夫宾朋多寡，杯盘丰约，以为广狭之用。遂创二十体，变为四十名，谓之骰子桌，盖拟其六也"。通过这本书的刊行，这种集实用性和娱乐性于一体的益智游戏因而得以流传并演变发展。

明代的严澄根据"燕几图"的原理设计了"蝶翅几"，这种组合共有三角形十三件，可以组合出百余种图形。清朝学者陆以湉在《冷庐杂识》卷一中记载："明严澄《蝶几谱》则又变通其制，以勾股之形做三角相错，形如蝶翅，其式三，其

▲ 七巧图和益智图

两件玩具均为故宫博物院所藏。七巧图，高2.8厘米，长15厘米，宽8.3厘米。益智图，由15块不同的木板组成，可拼制多种图形。

制六，其数十有三，其变化之式，凡一百有余。"[1] 从记载中，我们可以看出这种"蝶几图"是在"燕几图"的基础上发展演变而来，更为复杂多变。

清代，在"燕几图"和"蝶几图"的基础上演变出了现在我们常见的七巧板。最初的七巧板形制不一。到嘉庆年间有名为养拙居士的学者在综合社会上流行的七巧板游戏，并结合自身的研究，写出《七巧图》一书刊行，遂成定制。这种七巧板有大三角形两块，小三角形两块，中三角形和正方形、菱形各一块，合起来是一个正方形或者长宽比例为二比一的长方形。这种七巧板在材质上没有特定的要求，一般多为木板，也有纸板、石板、金属板等各种材质。据学者研究发现，七巧板的七块组件之间存在着极为严整的规律，每块组件的边长数据都与整体保持紧密的联系。假设其中的正方形边长为1，则七巧板中的任何一块组件的边长只能是以下四种情况之一，即 1、$\sqrt{2}$、$2\sqrt{2}$，且每块组件的内角都是45度的整数倍。[2]

益智图是在七巧板基础上发展演变而来的，也是一种更为复杂的拼板游戏。益智图是由清代的童叶庚所创，在七巧板的基础上将组件发展到十五件，合起来是正方形，分开可拼接成各种图形，如博古图、八卦图、花卉图、风景图等，变化非常多。童叶庚于光绪四年将自己所创的益智图辑录成《益智图》一书刊行，因共有组件十五件，所以又被称为"十五巧"。

---

[1]（清）陆以湉撰：《冷庐杂识》，中华书局1984年版，卷一。
[2] 参阅王连海：《中国民间玩具简史》，北京工艺美术出版社1991年，第142页。

2. 清宫的七巧板、益智图和穿线板

在故宫博物院现存的文物中，就有七巧板和益智图存世。故宫博物院所藏着七巧板和益智图均是清晚期宫廷皇子所用的玩具。

故宫博物院所藏七巧图装在一个蓝色锦匣内，匣上有"七巧图"字样。匣内共有组件十四件，包括八件大长方体，四件小长方体，两件三角。从组件的构成来看，这应该是两套七巧板合二为一而成的，并可以任意组合。这种七巧图与民间常见的两组三角形的组合不太一样，其组件均是长方体或正方体，而非薄板的形状，且组合更加简单，与西方的积木更相似。从这件七巧图的构造来看，它应该是清晚期的玩具，既遵循了中国传统七巧板的一些特征，也借鉴了西方积木的一些优点，成为"中西结合"的改良版七巧板。

故宫博物院所藏的益智图，外有一木盒，上有"益智图"的字样，内共有黑色薄板十五件，有三角形、半圆形、菱形、长方形、正方形等，可以任意拼接。在盒的底部还有一副

▲ 益智图

益智图是中国传统的益智玩具，通过几何图形的变化引导儿童认识不同形状的物体。这件故宫博物院所藏的益智图，外有一木盒，上有"益智图"的字样，内共有黑色薄板十五件，有三角形、半圆形、菱形、长方形、正方形等，可任意拼接，有助于儿童对几何学知识的学习。

马的画图，从手法上看应该是孩童的素描作品。这种孩童的素描印记从侧面反映了这种益智图是宫廷中皇家子弟们曾经玩耍过的。

在故宫博物院的玩具藏品中，与七巧板、益智图类似的是各类穿线板。这些穿线板有三角形、长方形、圆形等不同形状，在每块木板的边缘都有许多小孔，将这些小孔用线连接起来可以组成不同的图案。这种穿线板与七巧板的原理类似，均是利用图形拼装组合成图案，且比七巧板更加简易，便于携带和组装。

总的来看，包括七巧板、益智图和穿线板在内，这类益智玩具有一些共同的特点，即都是利用几何图形拼装图案。孩童在玩这些游戏时可以正确地认识图形，并在拼装的过程中启发想象力，因而它们是非常适合孩童玩耍的一种简单实用的玩具。从故宫博物院所藏的这些玩具来看，它们不仅有中国传统玩具的特征，也结合了当时西方传入的一些玩具的特点，具有自身的时代特点。

▲ **穿线板**

穿线板，边长17.5厘米，高15.5厘米，为上海商务印书馆制教育玩具。穿线板与七巧板的原理相似，是利用图形拼装组合成图案。这组穿线板中有三角形、圆形和正方形几种，每种线板上均有两个铁针和黑色线，可以穿出不同的形状。

第二节　培育智育之始基——积木

木制玩具是玩具家族中一个重要的组成部分，古今中外都出现了大量不同类型的木制玩具。除了七巧板这类拼图玩具外，流传最广、影响最大的当属积木。积木主要是通过对不同形状的木块进行组合拼装，形成不同造型的建筑、景观等。早在西方启蒙运动时期，思想家卢梭等人就提出应该让孩子通过一些诸如积木等简单天然的玩具开发智力。19世纪德国的教育家格兹姆特指出，积木是寓教于乐的玩具，通过积木可以丰富孩子的想象力，并可提高其动手能力。同时代的德国教育家弗罗贝尔发明了十多种由简单几何造型拼装的玩具，被德国人称为"恩物"。这些积木由长方体、正方体、圆柱体、三角柱和一些其他形状的几何体组成，可以自由组合出不同的建筑形式，收起来又可以组成一个立方体。这种玩具对于培养孩子的结构性思维和空间感非常有帮助，因此这种积木一上市就受到广泛的关注，并引发了玩具行业回归简单、朴素的趋向，为后世所模仿。[①] 到19世纪，一些大的玩具工厂开始生产积木，并开始将一些别墅、城堡作为原型，创造出了成套的积木玩具。这种积木更加复杂，需要花费一定的时间才能

---

① 参阅木千容：《木头上拼建的童年——趣谈积木和拼图》，载《世界文化》2013年第6期。

组装完成，对于开发孩童的智力开发和空间感培养等都很有帮助，因而受到广泛的欢迎。

清末时，一些学者认为孩子玩积木是"智育之始基"，能够"发其思智，暗寓几何学之原理"。宫廷先后购买了各类由英国、法国等不同国家制造的积木，这些积木有长、方、圆等各种形状，上面有彩色的油画装饰，色彩非常艳丽。还有一些积木是铁质的，在摆搭时需要用到螺丝钉拧紧，这些积木可以组合成各类建筑、几何体。

在故宫博物院现存有两件晚清时期从西方传入宫廷的积木玩具，两件积木均为建筑模型。其中一件盒盖上有"ARCHITECTURE CONSTRUCTION FRANCAISE"的标识，可见这是法国公司制作的建筑积木模型。这件积木共有三十六块大小不一、形状各异的建筑模型，包括钟塔、墙饰等组件，可以拼组成一套完整的欧式城堡，也可拆分组成单一的建筑模型。

▲ 积木 a

另一件为彩色模型，盒正面有欧洲家庭生活图景。其上绘孩子玩积木场景，并有"NOUVEAUX CUBES A TRANSFORMUTIONS"字样，说明其是当时法国生产的立体建筑模型。这种模型均为正方体，可以组合出多种图案，其中最主要的是一组城堡建筑。这种积木模型对启发皇室少年的

皇帝的小玩具

▲ 积木 b

这是一组彩色积木模型，每件积木都呈正四面体形状，表面贴有图案，如将这些积木拼接起来可以出现不同的建筑图案。

想象力，认识西方的建筑，开阔眼界大有裨益，同时还可以锻炼提高孩子的动手能力，可谓一举多得。

此外，在故宫博物院所藏的数学教具中有一类与积木类玩具类似的多面体模型，这类模型是清宫造办处专为康熙皇帝学习几何学时所制造的教学用具。几何体中的正多面体最早由公元前5世纪古希腊的毕达哥拉斯学派发现并研究，被称为宇宙体。其分别用正四面体、正六面体、正八面体、正二十面体代表"火、土、气、水"四种元素，把最后发现的正十二面体视作宇宙整体。欧几里得的《几何原本》的第十三篇讨论了这五种正多面体，并证明了正多面体只有五种。这匣几何体模型全部由楠木精制。匣内附说明书一份，匣正面用楷书写"各等面体七十一号"字样。

▲ 多面体教育模型

匣长45.3厘米，宽27厘米，高9.2厘米。这是清宫造办处为康熙皇帝学习数学制造的专用教学用具，共有十六组多面体模型，全部为楠木材质。匣面有"各等面体七十一号"文字，并附有专门的说明书。

第七章　益智类玩具（下）

棋类游戏是一种智能型的游戏活动，是通过不同棋子的组合变化达到规则判定的胜负关系。棋类游戏在中国出现的时间很早，最晚在战国时期围棋就已经出现，经过两千多年的发展演变，到清代棋类游戏已经成为社会大众常见的游戏活动。在清代宫廷中棋类活动也很盛行，包括围棋、象棋、双陆棋等。在清宫档案中也有大量关于制作这些游戏棋具的记载，如乾隆十年三月十三日，"太监胡世杰交：红白象牙双陆一份，随盘；黑漆方棋盒二件，随玛瑙棋子磁青纸棋盘；黑漆棋盒二件，随玻璃大棋子白纸棋盘；象牙象棋一份，随磁青纸棋盘；象牙小象棋一份，随磁青纸棋盘；金银小双陆一份，随骰子六个，噶式哈四个；紫檀木盘青玉骨牌一副，紫檀木匣；白檀紫降双陆一份，随掐丝珐琅碗一件，盘一件，骰子六件"[1]。从

---

[1] 中国第一历史档案馆、香港中文大学文物馆合编：《内务府造办处活计档案总汇》，人民出版社2005年，第14册，第616～618页。

上文来看,双陆、围棋和象棋是清宫中最常见的棋类游戏玩具,另外也制作了很多精致的器具。从档案记载来看,这些棋类器具都是成套出现的,如红白两色的象牙双陆棋,附带棋盘;玛瑙的围棋附带黑漆的棋盒和磁青纸的棋盘;象牙的象棋附带磁青纸的棋盘等,多为方便使用。

第一节 黑白棋子天地间——围棋

1. 围棋溯源

围棋是中国古代流行时间最长的游戏之一,正如明代学者谢肇淛所言:"古今之戏。流传最为久远者,莫如围棋。"围棋问世于公元前4000年之前,古谓之"弈",东汉许慎在《说文解字》中有"弈,围棋也"。"弈"字是汉代围棋在北方的称谓,在南方则多称围棋,因此"围棋"一词应该出现于汉代。围棋子初以木制,故有"棊"字,但因其轻飘,后改为石制,故又有"碁"字。魏晋南北朝时,文人雅士根据寂静而用心思下棋,手起落棋,意蕴其中,正所谓"共藏多少意,不语两相知",又送围棋雅号为"手谈"。后来,又有人因握弈者正襟危坐,运神凝思严肃的神态,恰似僧人参禅入定,故又称围棋为"坐隐"。但围棋始终未脱离大众化娱乐的性质,所以这些雅名只是流行一时。

围棋的局制由双色棋子与方形棋盘构成,符合古人认识

宇宙的"天圆地方"的理论。棋盘设置的横纵相交的直线格，经历了11道、15道、17道之变，至唐宋以后终定型为横纵19道，而横纵交叉点为361点，这又与古人计算周天度数$361\frac{1}{4}$相近。唐朝以后流行的每幅180枚的双色棋子代表着阴阳，因此史书记载"夫棋有天地方圆之象，有阴阳动静之理"。可见，围棋棋局的构成，蕴含着中国古代朴素的唯物主义哲学观。

围棋在中国古代盛行不衰。在中国古代宫廷，围棋也深受帝后的喜爱。南北朝时期的梁武帝，就是历史上有名的酷爱围棋的皇帝，史书记载他与臣下对弈，经常是通宵达旦。他不仅通晓围棋，文学上也颇有造诣，他将认识到的棋理进行著述，先后撰写《棋品》《棋法》《棋评》《围棋赋》等文章。唐宋时期宫廷曾设有棋待诏，棋待诏是当时擅长围棋的高手，他们入职宫廷随时听从召唤，在陪伴皇帝下棋中传授对弈的技巧。有了这样专业棋手的指导，帝王的棋艺大有长进。历史上唐朝不乏与围棋有不解之缘的帝王，史载唐高祖李渊、唐太宗李世民、唐玄宗李隆基等均善围棋，这也对宫妃产生了积极的影响。传说，有一次唐明皇与大臣对弈，不巧的是皇帝错走一步棋，紧接着步步棋路势弱，杨贵妃看在眼里，急在心上，在危急时刻，将怀中抱的小狗放在桌上，小狗的动作搅乱了残局，拯救了即将败局的皇帝。宋代，凡入朝廷的宫女，学棋掌握棋技成为她们的必修课，经过一番苦练掌握技能，方有资格陪伴君王。事实上众多宫女以此艺侍奉天子，相互间明争暗斗难以避免，致使原本令人心情舒畅的消遣活动，变得让人心情压抑、沉闷。就这一点而言，连皇帝本人看得也极为清楚，所以宋徽宗有感而写道："望忧清乐在枰棋，仙子精工岁未笄。窗下每将图局按，恐防宣诏较高低。"

中国古代帝王玩围棋的故事很多，比较著名的是宋太宗与棋待诏弈棋的故事。宋太宗赵光义的一大爱好就是下围棋。在他当了皇帝以后，在宫廷中棋待诏的陪练下，棋艺大增。素日在对局中，名将贾玄故意让皇帝赢局，以博得皇帝的高兴。但宋太宗往往赢得不明不白，反而觉得无趣，于是宋太宗就有意让贾玄三个子，并警告他说，"再下一盘，如果你再输了，我就解除你的棋待诏！"谁知这盘棋下来下去到中盘时，出现了一个"三劫循环"的局面，双方都不能退让，按规矩应该判为和棋。宋太宗皇帝哭笑不得，只得重开第三局。第三局开始前宋太宗皇帝故意恶狠狠地说，这局棋如果你要是赢了，就赐你绯衣，如果你输了，就把你丢到泥潭中。就这样等棋下完了数子还了棋头，又是和棋，太宗说，我让你三子还是和棋，应该算你输了。于是命人要把贾玄扔到泥潭里，贾玄大呼："皇上且慢！"话音未落，已被扔入泥潭，贾玄举手高喊，自己手中还握着一颗子还没算呢！摊开手掌一看果然还有一颗子，皇帝大笑命人捞起贾玄，赐予他绯衣。

2. 清宫的围棋游戏及相关文物

围棋是清代宫廷休闲活动之一，深受帝王妃嫔们的喜爱，

▲ 胤禛妃行乐图

在清代宫廷画家多幅的绘画作品都描绘了当时帝后妃嫔弈棋的场景。这些绘画作品为我们了解当时宫廷围棋文化提供了明晰的资料,下面具体来看。

(1)清初宫廷画焦秉贞绘画的《胤禛妃行乐图》中有一幅妃子消夏赏蝶的场景。在绘画中,妃子斜倚桌旁,八仙桌上摆放着一张棋盘,棋盘上有两个八角形的棋盒,旁边是一把折扇。妃子全神贯注的表情若有所思,一手拿着葫芦。画面上不见第二人,所以此时宫妃并未与他人对弈或自弈但可以想象宫妃弈棋的情景。乾隆皇帝的诗中曾描述"璃窗深闭静无声,隔断凡尘院宇清。闲赌围棋消乙夜,只闻臂膊响楸枰"[1],妃子用弈棋打发漫漫长夜。绘画中的"有清音"条幅,也说明围棋是一种雅致游戏。

(2)在清雍正年间宫廷画家陈枚绘制的《闲庭对弈图》中,亭外粉色桃花盛开,树干绿叶覆盖,观赏亭内长方形的桌子上摆放着棋盘、棋子与棋盒。5名宫妃身着彩装,坐姿的两人正精心对弈,而站着一旁的专心观看,其中有窃窃私语的似已入局。后乾隆皇帝又下旨,命宫廷造办处的工匠仿照《闲庭对弈图》,以象牙雕刻名为《月曼清游图》册。该册共十二幅图像,

---

[1] (清)爱新觉罗·弘历:《御制乐善堂全集定本》,卷二十九。

皇帝的小玩具

▶ 月曼清游图·围棋·御制诗

这是以象牙雕刻名为《月曼清游图》册中的一部分。

其中第二开中表现的是女子下围棋的场面。长方棋桌上展开白色的棋枰,棋枰两侧摆放着圆形红雕漆围棋盒,两仕女沉思布子,众人静观已转变为自凝入棋局,且低语论棋。由此可见对弈场面的紧张和激烈。图中棋具、人物对弈场景,是清宫休闲生活的真实写照。乾隆皇帝御题诗曰:"胭脂匀缀小桃枝,别苑春和二月时。镜户团圆清画永,楸枰斜倚共敲棋。竹篱石径掩窗纱,逗漏春光日正赊。恁底阿香移步晚,为捡红绿误烹茶。"

(3)清宫廷画家创作的《咸丰慈禧弈棋图轴》中,在郁郁茂盛的松树下,紫檀木的长方桌两侧,咸丰帝与慈禧端坐在彩瓷的绣墩上,手中拈一棋子正待棋盘上定位,从盘中的棋子布局看,下棋时间不算长。棋局周围绿草环绕,瓷花盆内盛开的牡丹花。图中还有斑竹、栏杆、兰花、小草、蓝天白云等,与弈棋人的艳丽着

▲ 咸丰慈禧弈棋图轴

装以及黑色棋子相映成趣。正如乾隆皇帝在《梁楷蕉石围棋》诗中所提到的"绿蕉丛畔聚嘉宾,减笔衣巾各有神。虽是心中无胜负,未如袖手坐观人"。

（4）相关的围棋文物。在故宫博物院所藏的围棋文物中,既有围棋子,也有棋盘。从档案记载来看,清宫的棋子选料上乘,以白玉、碧玉、墨玉、象牙、玛瑙为多,这些精致的棋子都配有精美的棋盒和专门的棋盘。如雍正七年二月二十五日,"太监马进忠持来和牌胎糊绿色绢彩

▲ 围棋 a

这组玉质棋子,分白玉和青玉两种。棋盒用金漆,盒面装饰各类花卉图案。

金花大棋盘一对,内盛红玛瑙棋子一百七十六个,白玛瑙棋子一百七十七个;木胎鞔黑皮镶铜口足大棋盘一对,内盛红玛瑙棋子一百三十九个,绿色玛瑙棋子一百七十个。说太监刘希文传旨,着配做高丽木边棋盘一件,紫檀木边棋盘一件,钦此"[①]。此处档案中提到红色、白色和绿色的玛瑙棋子六百多个,棋盘为纸质糊绿色绢

▲ 围棋 b

这是一组玉质棋子,分白玉和青玉两种。棋盒为紫檀木质,非常精美。

---

① 中国第一历史档案馆、香港中文大学文物馆合编:《内务府造办处活计档案总汇》,人民出版社2005年,第3册,第458页。

彩金花和木质鞔黑皮镶铜口两种，雍正皇帝又将这两种棋盘分别配做高丽木边和紫檀木边。从故宫博物院现存的围棋文物来看，这些围棋都非常精美。

从故宫博物院所藏的围棋棋盘来看，很多纸质可折叠的棋盘多有两面，一面是围棋盘，一面是象棋盘。从档案记载来看，当时宫廷中习惯将这两种棋盘集合在一起，方面携带和使用。如雍正初年六月初一日，传旨"配做折叠棋盘，一面刻画下大棋用，一面刻画下象棋用，共配做一匣，做紧凑些，钦此"[1]。再如乾隆七年二月二十六日，"司库白世秀来说，太监张明交：磁青纸棋盘一件，漆盒一对，内盛大棋一份。传旨：棋盘改一面象棋，酌量配一份象棋再配一书套盛装，钦此"[2]。除了常见的纸质棋盘外，在清宫中还有在一些物品上也刻有棋盘。有一件剔红的方盒，盒盖的正面上刻有整齐的围棋棋盘，这件方盒因此既可作为收纳物品的容器，又可当作围棋棋盘使用，可谓一举多得。在档案中也有相关的记载，如雍正皇帝时，"郎中海望、员外郎沈㻞、唐英传：做黑漆洋

▲ 棋盘盒

该棋盘盒为漆制，盒盖正面主题为围棋棋盘，周边装饰有暗八仙纹饰。

---

[1] 中国第一历史档案馆、香港中文大学文物馆合编：《内务府造办处活计档案总汇》，人民出版社2005年，第1册，第61页。
[2] 中国第一历史档案馆、香港中文大学文物馆合编：《内务府造办处活计档案总汇》，人民出版社2005年，第10册，第648页。

金棋盘面香几一份,见方一尺七寸,高九寸,记此"[①]。类似的记载和文物还有很多,这也从侧面说明了当时宫廷中下围棋的风气是很盛的。

第二节　方寸乾坤自纵横——象棋

1. 象棋溯源

中国的象棋比围棋出现得要晚,据考证象棋源于春秋战国时两军对垒的战阵,并受到车战与步战中的军事人员和作战武器的启发而创作。关于象棋的渊源,目前文献记载有多种。一是黄帝创制说。北宋晁补之的《广象戏格·序》中有:"象戏,兵戏也。黄帝之战驱猛兽以为阵。象,兽之雄也,故戏兵以象戏名之。"二是周武王创制说。明代谢肇淛在《五杂俎》中记载:"象戏,相传为周武王伐纣时作,即不然,亦战国兵家者之流,盖彼时犹重车战也。"清代梁同书在《渊深海阔象棋谱序》中有:"黄帝伐蚩尤而为博,武帝伐纣有天下,易其名曰象棋,言战阵势也。"除此之外,还有一些其他的说法,诸如战

▼ 象棋盘

这是一件纸质象棋棋盘,以黑色墨线在黄色纸上画出象棋棋线。棋盘可以折叠,非常方便携带。

[①] 中国第一历史档案馆、香港中文大学文物馆合编:《内务府造办处活计档案总汇》,人民出版社2005年,第3册,第51页。

国时兵家创制象棋说，韩信创制说等。综合来看，象戏作为象棋的雏形出现的时间很早，且与战争密切相关。[①]所以人们通常强调说象棋是具有战斗性质的游戏，可以说是恰如其分。

象棋到南北朝时得到迅速发展，在《北史》中记载"帝（周武帝宇文邕）制《象经》成，集百僚讲说"。《象经》是我国第一部象棋著作，在很大程度上推动了象棋的发展。自从象棋问世后，它就不断地在发展，主要表现在棋子的制作、有关棋道的理论方面等。在象棋制作中，初仅有"将、马、车、卒"四种棋子，至唐代又增加了"炮"，但其招法是中"车"直进无回，同时棋盘是由黑白相间的64小方格绘制组成，与国际象棋盘竟然相一致。唐朝皇帝一度改为木制象形立体棋子，今收藏在大英博物馆的一只马头棋子，是我国珍贵的早期象形棋子。至宋代圆形且注写文字的棋子成型，取代了象形棋子。北宋末年至南宋初年，史料中记有："释音云：'梵语波罗塞，此翻兵，即兵戏也。'即今板画路，中间界之以河，各设十六子：卒、炮、车、马、象等，俗谓象碁者是也。"由于这时又增加了"士""象"等棋子，使全棋一副正好有32枚棋子，双方各16枚。由此可见，宋代象棋子与棋盘设置趋于成熟，甚至定型，并延至今日。南宋刘克庄在《象弈一首呈叶潜仲》中记载："小艺无难精，上智有未解。君看橘中戏，妙不出局外。屹然两国立，限以大河界。连营禀中权，四壁设坚械。三十二

[①] 李巧菊：《从社会分层看明代象棋文化活动》，陕西师范大学2012年硕士学位论文。

子者，一一具变态……远炮勿虚发，冗卒要精汰。负非繇寡少，胜岂系强大？昆阳以象奔，陈涛以车败。匹马郭令来，一士汲黯在。"这里所提到的象棋棋盘包括河界、大营等标识，炮、兵、象、车、马、士等棋子，这与现代的象棋基本一致。[①]至明代才将其中的一方的"将"改成"帅"，至此象棋完全定型并延至今日。

象棋的两军对垒，在弈棋中可以练棋艺，提高判断分析能力，陶冶情操。因象棋简单易学且富有挑战性，中国人以极大的热情投入到这种游戏中。在千百年来的象棋参与者中，既有士大夫，也有平民百姓，他们乐此不疲，甚至宫廷中的皇帝、皇后等也热衷于此。如北宋的徽宗皇帝，不仅擅长绘画，并在书法界因开创"瘦金体"被后人看重，而且还是一位醉心于象棋的皇帝。其《宣和宫词》曾描述："白檀象戏小盘平，牙子金书字更明。夜静倚窗辉绛霄，玉容相对暖移声。"是文可以看出棋盘选用的是白檀木，棋子以象牙制成。"靖康之变"后徽宗、钦宗父子为金人所俘，徽宗

▲ 象棋 a

此象棋组合包括棋盒、棋子、棋盘。棋盒为白色木质。棋子为玉质，分为白玉和青玉两种。棋盘为黑色金线纸棋盘，上画有游戏棋线，可以折叠放置。

[①] 参阅朱南铣：《中国象棋史丛考》，中华书局2003年，第13～14页。

身在异域仍不忘象棋活动。而徽宗身陷囹圄仍陶醉在象棋活动中,这也许是这位艺术家皇帝自我排解苦闷的一种方式吧。明代,弈棋活动也是非常流行的娱乐活动,在官方编撰的《永乐大典》中就有《象棋》一卷,可视作明朝廷重视象棋与喜爱象棋的佐证。

2. 清宫的象棋

清宫的象棋活动在清中期达到高峰,在棋具、棋道以及相关的艺术作品方面出现了繁荣的局面,这些都与皇帝们的志趣有着直接关系。如乾隆皇帝本人有着良好的艺术修养,对象棋也情有独钟。他曾一度召见五名棋艺高超的大臣进行殿试,连续观棋长达半年,之后,由这五人编撰出《五大臣象棋谱》。这是出自清宫廷的一部棋谱类书籍,对帝后弈棋具有指导意义。此外乾隆皇帝在闲暇之余,对有关弈棋的古绘画也是颇感兴趣的,有《题周文矩明皇会棋图》诗存世,诗曰:"明皇遗事写南唐,杂列朝簪锱与黄。棋局当前未着子,如何布置且思量。放猸乱局传杂俎,妃侧亲王太不论。善讳白诗犹厚道,良家女选入宫

▲ **象棋棋盘**

这是清宫所用的象棋棋盘,棋盘被折叠放置,外有一明黄色纸盒,纸盒上有红色别子。从造型上看,这件棋盘与奏折很相似,与其明黄色的外包装都凸显了宫廷专用象棋的特色。

嫔。"① 可见乾隆皇帝对象棋是很有研究的，不仅了解古代象棋的典故，而且熟悉如何行棋。

清晚期的慈禧太后也很喜欢下象棋。爱新觉罗·溥仪在《我的前半生》中记载，一次慈禧太后与一小太监弈棋，就在双方对杀得难解难分之时，小太监得意忘形，失语说，奴才杀老祖宗的这只马。慈禧太后被此话激得恼羞成怒，随口说，老祖宗杀你一家子。结果，小太监因误说一句话惹来了杀身之祸。象棋为慈禧太后的荒唐行为作了注脚。

清宫中下象棋所用的棋局，从制作数量及品质上看是以清中期为盛，特别是以雍正、乾隆时期为最。究其原因，这一时期国家经济繁荣，国库充盈，为宫廷制作器物创造了良好物质条件，象棋的制作也是如此。

清代宫廷制作的象棋盘与围棋盘一样，通常做成折叠式，外有书函套包装，形似一函书，随身携带，极为方便，需要时则打开，即可成棋局。如有档案记载："宫殿监督领侍陈福交来象牙象棋一份，合牌这折叠棋盘一件，传：着将棋子填色棋盘见新，配一掀盖糊黄绢里

▲ 象棋 b

此象棋包括棋盒、棋子、棋盘。棋盒为白色木质。棋子为玉质，分为白玉和青玉两种。棋盘为黑色金线纸棋盘，可以折叠放置。

---

① （清）爱新觉罗·弘历：《御制诗初集·五集》，卷五十七。

面匣,记此。"① 象棋盘通常是以纸为心,外以黄绫织物装饰,再绘画棋盘格。宫中也有以磁青纸绘制的象棋盘,如档案记载:"太监胡世杰交:象牙象棋一份,随磁青纸棋盘;象牙小象棋一份,随磁青纸棋盘。"②

象棋子的制作,从宫廷造办处档案的记载来看,均由皇帝下旨,由宫廷造办处负责制作。宫廷制作的象棋子选料极为丰富,有玉、象牙、玛瑙、沉香木、石、珐琅、玻璃等材质,如"太监张起麟交鱼骨象棋一份,象牙象棋一份,玻璃象棋一分,木象棋一份"③。制作时用宫中自备御赐的象棋胚,这样棋子成品自然成规格,经打磨后在棋面上镌刻阳文或刻阴文,再着色,如"郎中海望持出珐琅象棋一盘,奉旨:此棋子黄底上写青字,蓝底上写红字,配合的颜色不好看,今再做一副,黄底上改写红字,红底上写蓝字,颜色尔等酌量配合,底子不必用铜,

▲ 象棋 c

此象棋是清宫所用的玉质象棋,以白玉和墨玉颜色不同而区分,白玉上以红色标注"帅""炮""车"等棋子,墨玉上以金色标注棋子。

---

① 中国第一历史档案馆、香港中文大学文物馆合编:《内务府造办处活计档案总汇》,人民出版社2005年,第4册,第673页。
② 中国第一历史档案馆、香港中文大学文物馆合编:《内务府造办处活计档案总汇》,人民出版社2005年,第13册,第616页。
③ 中国第一历史档案馆、香港中文大学文物馆合编:《内务府造办处活计档案总汇》,人民出版社2005年,第1册,第232页。

◀ 象棋 d

这是一副清宫所用的石质象棋,棋子以红、蓝字区分双方,有一木制棋盒盛放棋子。

象棋书套匣子抽屉不必用签子,用插削,钦此"[1]。除了制作新的象棋外,对一些旧的象棋也会重新收拾使用,如"太监胡世杰交象棋一份,传旨:着收拾见新,钦此"[2]。这种制作精良的象棋子都会配以精心制作的棋盒。从故宫博物院现存的象棋实物来看,象棋子有墨玉、白玉、石、木等不同材质,棋盒多为木质漆盒。还有一副产自日本的"S·N·SUMITO"黑色棋盒,其上有漂亮的花卉图案,这应是清晚期从国外引入宫廷的玩具。

3. 清宫的蒙古象棋

在清代宫廷的象棋游戏中,有一类蒙古象棋,这种象棋与中原地区的象棋既有相似之处又有所区别。蒙古象棋一名沙特拉,据说元初传入蒙古,到明万历六年的时候已有关于该象棋的明确记载。清朝初年,德国人帕拉斯记述了看到蒙古族人冬季下象棋的情景,其所用的棋子和棋盘与国际象棋

---

[1] 中国第一历史档案馆、香港中文大学文物馆合编:《内务府造办处活计档案总汇》,人民出版社2005年,第2册,第33页。

[2] 中国第一历史档案馆、香港中文大学文物馆合编:《内务府造办处活计档案总汇》,人民出版社2005年,第8册,第633页。

十分相像。①清代，蒙古象棋传入中原地区，清人叶明泽在《桥西杂记》中记载："蒙古棋云居纵横九线，六十四卦，棋各十六枚，八卒、二车、二马、二象、一炮、一将，别以朱墨。将居中之右，炮居中之左，上于将一卦，车马象左右列，卒横于前。"康熙时期的学者徐兰在《蒙古棋》的序言中也有类似的记载，并认为蒙古象棋与中原的象棋有所不同，"有棋形而不字，将刻塔，崇象教也。象刻驼或熊，迤北无象也。多族，人众以为强也。无士，不尚儒生也。棋不列于线而列于罫，置器于安也。马横于六罫，驼横行九罫，以驼疾于马也。满局可行，无河为界，所谓随水草以为畜牧也。卒直行一罫到底，斜角食敌之在前者，去而复返，用同于车，嘉有功也。众棋还击一塔，无路可出，始为败北"②。从这两段文字中，我们可以看出这种蒙古象棋与现在所见的国际象棋在外形和行棋规则上都有很大相似之处。"棋不列于线而列于罫"，即是棋子在格内行走，这是与中原象棋在依线行走的不同之处。"马横于六罫，驼横行九罫……卒直行一罫到底"，即是马在棋盘上由一格内曲行到对角，驼在一格内斜行到对角，而卒子则每行一格到底，去而可返。在棋子的直行、曲线行、斜行中，对弈双方进行多变的布阵，直至将对方的"将"困得无路可走，是为取胜者。虽然其与国际象棋相似，但在一些细节上还是有不

---

① 《蒙古民族史事丛编》，第一册，第233页。转引自朱南铣：《中国象棋史丛考》，中华书局2003年，第9页。
② 转引自朱南铣：《中国象棋史丛考》，中华书局2003年，第10页。

同之处，如将和炮的位置，不是将对将，炮对炮，而是将和炮相对。蒙古象棋中的卒子到达底线后，是升变为"车"，而非国际象棋中变为"后"。[①] 蒙古象棋的象棋规则与其日常的游牧生活和军事战争的方式非常接近。没有河界，是"随水草以为畜牧"生活习俗的反映；没有专门的谋士，以驼、熊进击，以车防御横击，这是早期蒙古地区战争形态的反映。所以，蒙古象棋是融合了本民族文化、生活习俗、宗教信仰等方面的游戏。

清代，一些蒙古族的习俗也进入宫廷，蒙古象棋也随之进入到宫廷，据说道光皇帝就很喜欢下蒙古象棋，常与蒙古额附和大臣们对弈。

故宫博物院现存有一副清代的蒙古象棋，整副象形棋子，放置一硬木盒内。在32枚的棋子中，两将为清代骑马状的武将，更确切地讲是蒙古王公的形象，头上顶戴花翎。两炮为端坐的狮子，其中一

▲ 蒙古象棋

狮的爪下有小球。两车做马拉篷车形，车棚内端坐一人。马为站立形，象为站立的骆驼，卒为端坐的人形。棋子长5~6厘米，宽约2厘米。棋子以木为之，施以雕刻、上色等工艺。整副棋的单体棋子体积有限，为更丰富地表现棋子的艺术性，制

---

① 付超：《清宫中的蒙古象棋》，载《收藏家》2012年第10期。

作者在造型上尽可能设计得生动，刻画注重纹理细腻，着色突出颜色的亮丽。这些要素巧妙融合，增添了棋子的观赏性。如棋中将的人物表情在肃穆透着神采的气质；狮子是将的护卫，所以塑造得憨态中透着凶猛等。这副蒙古象棋，在造型设计上与文献记载的有所区别，更接近皇家贵族阶层的审美要求。清宫中的蒙古象棋，不仅丰富了当年棋类的品种，也为后人深入研究这种游艺文化，提供了宝贵的实物资料。

第三节　彩骰清响押盘飞——双陆棋

1. 双陆棋溯源

双陆棋又名长行、双六握槊，是一种掷骰子行棋的游戏，明代方以智在《通雅》记载："握槊、长行局、波罗塞戏、双陆，要一类也。"双陆棋大约起源于魏晋南北朝时期，目前所见关于双陆的起源主要有两种记载。洪遵的《双陆序》中记载："以异木为槃，彼此内外，各有六梁，故名。"在《古杂俎》中记载："双陆本胡戏。胡主有弟一人得罪，将杀之。其弟于狱中为此戏以上，其意谓孤则为人所击，以讽王也。子随骰行，若得双陆，则无不胜，故名。"综合这两种说法，我们可以看出双陆应该是在魏晋南北朝时期北方少数民族大量进入中原的时候开始兴起的，它是一种以骰子点数行棋的游戏。从游戏规则上看，与六博和摴蒲类似，《资治通鉴·神龙元年二月》载："双陆者，投琼以行十二棋，各行六棋，故谓之双陆。"① 从文献记载来看，双陆棋盘左右各有十二，叫作"梁"或"宫"，双陆的棋子称为"马"，"马"以颜色区别，多为"黑马"和"白马"。以两个骰子为掷具，骰子上刻有"一、二、三、四、五、六"点数，双方按照投掷的点数移动本方的"马"，哪一方的"马"率先全部抵达对方的梁门，即为获胜方。

双陆出现后很快在社会上流行起来，唐代的李肇在《唐国史补》中记载："武后尝问狄仁杰曰：'朕昨夜梦与人双陆，频不见胜，何也？'对曰：'双陆输者，盖谓宫中无子也，是上天之意，假此以示陛下，安可久虚储位哉。'""宫中无子"是一双关语，宫与子既是双陆术语，又是以双陆为隐喻劝诫武则天立太子。从这君臣对答中，我们可以看出当时武则天和狄仁杰都很熟悉这种游戏。② 双陆在宋代依然盛行，宋人传奇《李师师外传》中记载，宋徽宗与李师师"双陆不胜，围棋又不胜，赐白金二千两"，可见双陆是当时常见的游戏之一。宋代的洪迈在《谱双·序》中记载："弈棋象戏，家喻户晓。至于双陆、打马、叶子，视明琼为标的，非图牒无以仿佛。双陆最近古，号雅戏。以传记考之，获四句：曰握槊，曰长行，曰婆罗塞，曰双陆。盖始于西竺，流行于曹魏，盛于梁、陈、齐、隋、唐之间。"这段记载说明直到宋代，双陆依然盛行，且随着宋代复古主义思想的兴起，双陆也受到文人雅士的喜爱。辽、金

---

① （宋）司马光编著：《资治通鉴》，中华书局1956年版，第6587页。
② 宋德金：《双陆与民族文化的交流和融合》，载《历史研究》2003年第2期。

等北方少数民族政权也喜欢双陆棋，金朝初年"燕京茶肆，设双陆局，或五，或六，多至十，博者蹴局，如南人茶肆中置棋局也"①。元朝统一全国后，双陆棋得以在更大范围内传播，《元史》中记载，元顺帝常与大臣哈麻在宫殿内"以双陆为戏"。元代诗人谢宗可有《双陆诗》存世："彩骰清响押盘飞，曾记唐宫为赐绯。影入空梁残月在，声随征马落星稀。重门据险应轮掷，数点争雄莫露机。惟恨怀英夸敌手，御前夺取翠裘归。"元朝之后，双陆的影响逐渐被叶子戏等新型的游戏取代，更多的是在社会上层或文人雅士中流行。

双陆自魏晋南北朝时期开始流行，从"胡戏"逐渐演变为与围棋、象棋等并行的游戏活动，甚至成为宋元时期品评天下士人"风流"的标准之一。这种变化不仅是中华传统文化开放包容的结果，也成为民族融合的象征。

2. 清宫的双陆

清代，双陆棋已经逐渐不为普通人所知，仅在社会中上层流行，在清宫中也有玩双陆的活动。在故宫博物院现存的文物中，就有双陆棋盘和双陆棋子，其棋盘和棋子的制作都十分考究。

故宫博物院所藏的双陆棋，材质有象牙、玉、木、牛角等多种。其中一副双陆棋有棋子30枚，双方各15枚，这与李肇

---

① （宋）洪皓：《松漠记闻》中华书局1990年版，卷下。

◀ 双陆棋子

这是一组玉质双陆棋子,有白玉和墨玉两种棋子。棋子制作精美,大小均同,形状为瓶式,高约8厘米,底径约为3厘米,很适合行棋。

在《唐国史补》记载一致,"今之博戏,有长行最盛。其局有局有子,子有黄黑各十五,掷彩之骰有二"。这些双陆棋颜色区分明显,如玉质双陆有碧玉和青玉两种,牛角双陆有棕色和黑色两种等。从形状上看,均为瓶式,高约7～10厘米,底径约为3厘米,很适合行棋。与棋子相搭配有骰子,多为两枚,也有多枚的,材质多为玉质。

有双陆棋必有棋盘,现存的清宫双陆棋盘有木质和珐琅两种,棋盘两边各有标识,用于放置棋子。如珐琅双陆棋盘,该棋盘为珐琅材质,通高15.7厘米,宽33厘米,长53.3厘米,盘内设12个圆孔,内嵌螺钿,为棋位,棋盘下附六足带托泥座。整盘通体在蓝色的珐琅上彩绘缠枝莲花,花形硕大、饱满,色

▶ 双陆棋子

这是一组木质双陆棋子,质地为紫檀和黄檀,形状为瓶式。

彩艳丽。再如紫檀木双陆棋,棋盘长46厘米,宽27.5厘米,高12厘米,整体造型如小炕几式,盘面上以螺钿镶嵌成局,盘中部靠边两侧出月牙图形,可称"月牙城",其两侧各六点,共12路,正中心嵌三叠方胜纹。与之相配伍的是12枚棋子,分别为紫檀木的黑棋子、黄杨木的黄棋子以及象牙骰子。从棋盘设置的格局来看,对弈者每人持12子,共24子,这是标准的古代双陆棋局。

▲ 大梅山馆诗意图(局部)·双陆

这是清代画家姚大梅所绘的《大梅山馆诗意图》中的一部分,表现了清代仕女玩双陆的场景。在绘画中,一群女子正在游戏,其中两人对弈双陆,桌上放置专门的棋盘,棋盘正中心也嵌三叠方胜纹,棋子有棕、黑二色,从棋局上看双方对弈正紧。画边有"戏赌缠头开细局"的标注,说明此处的双陆游戏是赌彩头的。

在故宫博物院所藏的清代绘画《大梅山馆诗意图》中就有关于清代仕女玩双陆的场景。在绘画中，一群女子正在游戏，其中两人对弈双陆，桌上放置专门的棋盘，棋盘正中心也嵌三叠方胜纹，棋子有棕、黑二色，每方各有棋子15枚，已经有一些棋子走完取出。

在故宫博物院所藏的玩具系列中，有一副双陆棋是与骰子、牙牌、牙筹、乌木筹棍、黄杨木筹棍、牙

▲ 双陆棋子

这是一对木质双陆棋子，分为红和黑两种颜色，棋子表面装饰有缠枝花纹，非常精美。

筹棍及镇纸等组合放在一起的。其中包括双陆棋子30枚，碧玉、青玉棋子各15枚；象牙牌40张；黄杨木筹棍39根；牙筹4根；骰子5枚等。将双陆与叶子、花筹等合装在一起，是因这些游戏均需用骰子，游戏规则类似，这样放在一起可以方便携带。

第八章 博 戏

　　世界各地几乎都有一种原理相似的传统游戏——掷骰子，然后沿着规定的路线走棋子，看谁先走到终点。游戏史研究者把它们划成一类，叫作"race game"，比如中国传统的"六博""打马"，印度、巴基斯坦、尼泊尔等地区流行的"蛇与梯子"以及古埃及等地流行的一些游戏，都属此类。①

　　在中国古代，骰子游戏很早就已经出现并流传至今。文献中可见早期的骰子游戏是六博和摴蒲，其后各类选格类游戏大行其道。骰子游戏是日常休闲游戏中重要的一类，并逐渐与牌戏、棋类游戏、酒令等相结合，衍生出许多新的游戏。

---

① 参阅（日本）大谷通顺：《中国古代游戏"摴蒲"在世界游戏上的定位》，载《新世纪文化交流与对外汉语教学国际学术研讨会论文集（2000年）》。

第一节　六博摴蒱骰子格——中国古代骰子戏的发展演变

1. 六博与摴蒱

六博，又称"簙"，是中国古代最早的博戏之一。据《说文》记载，夏桀的臣子乌曹做博，说明这种博戏出现的时间很早。六博是一种采用掷采的方式决定胜负的游戏，其所用工具是骰子。早期的骰子与今日我们所见的骰子不同，多是用竹片或木片做成，呈两头尖细、中间略粗的细长箭形状，两面用颜色或符号区别，叫作箸，或箭、簙、蔽等。《说文》记载："博局戏六箸十二棋也。"这说明六博是由六个箸和十二枚棋子组成，棋盘有十二道，有起点和终点。游戏时，将箸投出，露出的一面称为"齿"，齿与齿组合成不同的点数和图案，称为齿采。齿采的名目根据不同的组合有不同的名称，如"塞""白""黑"等。按照不同的要求，取得齿采的按照步骤走棋，先到目的地的棋子叫"枭棋"，其余棋子叫"散棋"。由此可见，这种六博是以骰子为戏的鼻祖。

六博在秦汉时期非常盛行，传说秦昭王与天神在华山博戏，用松柏枝为博，箭长八尺，棋长八寸，可见排场之大。在《史记》中记载："宋湣公与南宫长万博争，公怒辱之曰：'吾始敬若，今子鲁虏也。'长万病此言，遂以局杀湣公。"南宫长万因为与宋湣公的博戏中产生了冲突而杀宋湣公。可见当时这种博戏是非常盛行的。

六博之后,出现了许多类似的博戏,其中最为出名的是摴蒱。摴蒱是在六博的基础上演变而来的,其掷采之具由六枚变成五枚,所以又被称为"五木""五投",骰子的形状由原来的箭形逐渐演变成椭圆形,与现在我们所见的方形骰子更为接近。由于骰子的变化,摴蒱的掷采的齿采更加丰富,且这时掷骰子已经从平面转移到形状较大的"杯"中,类似于现在的骰钟。由于骰子的变化,使得齿采的偶然性和随机性增加,游戏相应地更加刺激。《广雅》中记载:"博以五木为簺,有枭、卢、雉、犊、塞五采。"《五木经》中记载:"五采四:卢、白、雉、牛。販采六:开、塞、塔、秃、撅、荦。全为王,驳为販。"这种变化有32种组合,这种齿采相较于六博的"塞、白、黑"等组合更加多样化。①

摴蒱盛行于两汉及魏晋南北朝时期。东汉的马融曾作《摴蒱赋》是目前可见较早的摴蒱著作之一。关于游戏方法有这样的描写,"枰则素旃紫罽,出乎西邻,缘以缋绣,洗以绮文。杯则摇木之干,出自昆山。矢则蓝田之石,卞和所工,含精玉润,不细不洪。马则元犀象牙,是磋是砻。杯为上将,木为君副,齿为号令,马为翼距,筹为策勋,矢法卒数"。在记载中,列举了"枰、杯、矢、马"四种戏具,并对其精致的加工工艺大

---

① 参阅王定璋:《猜拳·博戏·对舞——中国民间游戏赌博习俗》,四川人民出版社2003年版,第104~110页。

为赞叹。[①]后边是相应的游戏方法。从游戏玩法看,握蒲与象棋有相似之处。《晋书·刘毅传》中记载:"后于东府聚握蒲大掷,一判应至数百万。余人并黑犊以还,唯刘裕及毅在后。毅次掷得雉,大喜,褰衣绕床,叫谓同座曰:'非不能卢,不事此耳!'裕恶之,因捋五木久之,曰:'老兄试为卿答。'继而四子俱黑,其一子转跃未定。裕厉声喝之,即成卢焉。毅意殊不快。"这段记载可见当时握蒲风气很盛,往往一次会动用钱财数百万之多。某一次贵族举行的握蒲活动,前面的人都掷出了"黑犊",也就是五采中的第四等采,而刘毅掷出的是三等的"雉"采,因而刘毅很高兴,对周边的人说,并非不能掷出二等的"卢"采,只是用"雉"采即可得胜。刘裕听后很不高兴,于是掷出五黑的"卢"采。从这段记载中,我们可以看出当时握蒲活动,并不重视走棋,而是以掷出的"齿采"决定胜负。

从秦汉到南北朝,从六博到握蒲,中国的博戏从"博棋"之戏逐渐演变成"赌博"之戏,强调文雅的部分逐渐减弱,取而代之的是更具刺激性的运气之赌。正如《不列颠百科全书》中对"赌博"的注解:赌博是意识到冒险和希望获利的情况下,以某些有价值的东西作为赌注所进行的竞赛,其结果全凭机会决定。

[①] 参阅(日本)大谷通顺:《继承日本前人研究成果,再考中国古代博戏握蒲》,1994年丝绸之路古代体育国际学术研讨会。

2. 骰子选格

到唐代，摴蒲逐渐演变成为骰子格，这种游戏完全是以骰子为博具，一般多以6个骰子为一具，骰子中的点数对应摴蒲中的五采，但比摴蒲的组合更多。《西墅记谈》记载，唐玄宗李隆基与杨贵妃曾经作骰子格游戏，玄宗即将失败，唯有掷出四个红色采点方可取胜，他连声呼叫，最终取得四个红点，即"卢采"获胜，玄宗很高兴，赏赐高力士等人很多的绸缎。这完全是一种凭借掷骰子分出胜负的游戏。

唐代在骰子格的基础上演变出了许多游戏，一般多称为骰子选格。这种游戏多是设定一些官职、科举、财富等彩头，利用骰子的点数确定前进或后退的步数。《渑水闲谈》有"自盆贴而下，分十五门，门各有说。凡名彩二百二十七，逸彩二百四十七，总四百七十四彩"[①]，可见这种骰子戏组合变化之多。唐文宗时期房千里在《骰子选格·序》记载："开城三年春，予自海上北徙，舟行洞庭之阳，有风甚急，系舟野浦下三日，遇二三子号进士者，以六骰双双为数，更投局上，以数多少，为进身职官之差数，丰贵而约贱。卒局，坐客有尉校而止者，有贵为相臣将臣者，有连得美名尔后不振者，有始甚微而欻升于上位者。"文中言明此戏以当朝官职为戏局，借助掷骰的彩点或升官，或降职，功名利禄融于游戏，颇具趣味性与刺激性。正如《升官图乐府》描写的那样："一张官爵一张纸，

---

① 转引自杜亚泉：《博史》，新星出版社2007年版，第195页。

可行则行止则止。论才论德更论功,特进超升在不同。只有脏私干大律,再犯三犯局中出。纷纷争欲做忠臣,杨左孙周有几人?当日忠臣不惜命,今日升官有捷径。"因这种游戏在晚唐时极为盛行,所以对后世产生了重要的影响,并在此基础上又出现了形同名异的骰子戏,宫廷中尤其热衷此戏,更不乏设计此类博戏的帝王。五代时期的后唐庄宗制《自制暗箭格》,南唐后妃周氏发明了《遍金叶子格》《新定遍金叶子格》《击蒙小叶子格》。随着叶子的发展,后又出现了《红鹤》《皂鹤》《旧欢心格》《升官图》《百年铎》《选仙图》《选佛图》《揽胜图》《水浒图》《红楼图》等各种玩法。凡此种种的彩选格,在民间普及的同时,也成为宫廷业余消遣的游戏。史料记载,宋太宗赵匡胤常以此戏为乐,并亲自制叶子戏消夜图,以便于宫妃"习以消夜"。辽代的穆宗帝曾有一年在宫廷筵宴时,不但接受朝贺,而且与群臣玩叶子戏。由此可知宫廷帝后迷于叶子格戏之盛况。

第二节　小卒徒具青云梯——升官图

在《宫女谈往录》中,有关于清末宫廷大年初一玩骰子游戏的记录。"清廷里一年到头是不许赌博的。宫廷里的抢红,名目和平常百姓家也不一样,都是吉祥话,什么官居一品啊,满堂红呀,步步高升啊,万代封侯啊,福寿双全呀。不许像老百姓家似的,有满地黑呀、干瞪眼呀等不吉利的话。"宫女回

皇帝的小玩具

忆的宫廷里的"抢红"游戏，也是骰子戏的一种玩法。不同的点数有不同的名称。在玩的时候，"宫女们早就预备好了，把方桌搭出来，铺上大红毡子，骰盅子放在桌子中央。那是专供掷骰子用的，中号碗样的大小，外面底是平的，为的是在桌子上更容易放稳，里面和饭碗一样凹进去"[①]。

清代，前朝多种彩选格荡然无存，但是与此戏相关的史料，却为清代提供了丰富的参考资料。因其特有的娱乐性，自然受到帝后们的欢迎，特别是清宫廷在依照前人绘制的彩选格的同时，又出现了新内容的彩选游戏。

乾隆时期，有《清宫词》描述当时宫廷玩彩选的情况，"别来博具姿清娱，尺幅群仙庆

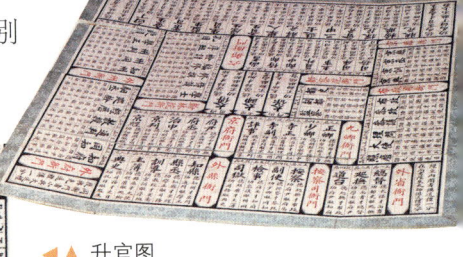

▲▲ 升官图

这是清宫所用的升官图游戏棋盘，基本囊括了清代主要的官阶和科举功名头衔。在棋盘中有几层顺序结构。一是从白丁、童生到榜眼、状元的科举道路。二是官阶差序结构，外围包括外州、府、县、省各个衙门，以及布政司衙门、按察司衙门和京县衙门。内部为六部、都察院、翰林院、九卿和京府衙门，最中心的为太师、太保和太傅。这张升官图中有详细标注按照诠选制度中的"功""德""才""赃"的升降条例，使玩者在游戏时也对清代吏治制度有大致的了解。

---

①金易、沈义羚著：《宫女谈往录》，紫禁城出版社2001年版，第78页。

寿图。传记旁征翻旧谱,拜恩得以近臣无"。在游戏中,乾隆皇帝取列仙人物,绘群仙寿图,用骰子投之,以为新年玩具。这说明清彩选博戏中还有《群仙庆寿图》。此图出自当朝乾隆帝之手,图中绘有众多仙人,再以骰子掷点而游戏。因彩选格制专为某新年而制,故有"以为新年玩具之说"。这种游戏非乾隆皇帝凭空而想,是借鉴了前朝流行的各种仙图而成的。

至清晚期,慈禧太后又设计了《八仙过海图》,逐成后妃喜爱的游艺。关于《八仙过海图》的内容和玩法,在德龄所著的《清宫二年记》中说得很明白:"我看到桌子上有一张地图,和桌子一般大,用各种颜色画成。图的中央写着游戏的规则。这张图叫'八仙过海图'。八仙是吕仙、张仙、李仙、韩仙、蓝仙、曹仙和汉仙七位男子,还有一位何仙是女仙,这张图就是中国地图,用不同颜色标出中国各个省份。有八个象牙筹码,直径大约一寸半,厚只有四分之一寸,每个上面刻一位仙人的名字。这种游戏八人玩的时候,每人一个筹码,四个人玩就每人就两个。图的中央放一只碗,里面盛着六个骰子,假如四人同玩,那么一个人先掷出骰子,数一数掷出的点子,最大的点子是三十六点,掷到三十六点的,这位仙人就可以到杭州去游玩一次。若为吕仙掷到三十六点,就把吕仙的筹码放在地图上的杭州,于是着人为另一个筹目上的仙人再掷一次。所以如果四人同玩,每人要掷两次,八人同玩每人掷一次。不同的地址代表不同的省份,它们的等级是这样,六粒骰子完全相同,六粒中有一对至三对,最小的是双幺二三,那一位仙人

倒霉，碰到双幺二三就得出局。第一个周游全国而回到皇宫的就算是赢家。慈禧绘制的《八仙过海图》，当是前人绘制《圣览图》的姊妹篇。"[①]

从德龄的描述看，《八仙过海图》的特点是图盘大得同桌子一样，游戏中使用骰子和筹码等辅助博具。根据对骰子点的规定，即可到达终点"皇宫"，也可出局或停止。所以说慈禧太后精心设计此图，通过各个仙人最终入宫的棋路而表达出以皇家为中心的主旨，当是此图的又一个特点。

清晚期与《八仙过海图》相提并论的同类玩具，还有《升官图》，这是继唐朝之后出现的又一种升官图，所不同的是图中完全以清代官职替代了唐朝官职，正如清代金学诗《牧猪闲话》中描述的："今俗所传升官图，以文武出身分仕途，以人品忠奸分胜负。德则超迁，才次之，功

◀ 升官图

此图是首都博物馆所藏的一件升官图棋盘。这张升官图是以人物、动物和植物等组成，分别标注有不同的数字，按照环状结构排序，以骰子点数为前进的依据。

[①] 德龄：《清宫二年记》，江苏教育出版社2006年版，第86页。

也升转，遇幺则降罚。"但升官图究其何样？可从清晚期宫廷中游戏所用的升官图中可见一斑。全图为折叠式，展开呈长方形，长31.2厘米、宽15.7厘米，为硬纸制，上裱白，下裱黄。将盘面展开，上面以格的形式满印十余个部及其相关的文武官员的不同等级的职务，每格官职的上方标注该官的品级，下面按"德、才、功、赃"四方面标注要走的棋路。开棋以白丁为起点，至太保"功"为终止，最先到达的为赢家。升官图的游艺中，需配以似捻转的转器以定步数。捻转的骰子主体为方形，一端出手柄为上，一端成尖形为下，其余四面分别注写"德、才、功、赃"文字，字分别涂染红、绿、金、黑色彩。此捻转恰与升官图的四类官职相对应，省去投骰子数点的烦琐，所以清宫廷在玩升官图时时常选用它。走棋操作法是根据投后呈现的字而布棋。例如，从"白丁"格起步，一次投得"功"字，按白丁"功"字下标注的是"童生"两字，则可将子置于左边前一格"童生"内；又第二次投得"才"字，再按"童生""才"字下标注的官职，将子直接向左跃两步至"监生"格内。以此类推，直至获胜。在升官图的游艺中，除选用转器外，也可以骰子为之。因骰子六面点数与图中四项分类不符，于是将骰子各面的点数固定为：六点中以四为"德"，以六为"才"，以二、三、五为"功"，幺为"赃"。棋者依据这样的原则，每人按投注得到点数再走步，率先进入内阁学士衙门内太傅为赢家。

第三节 天地人和于牌中——骨牌

1. 骨牌的渊源与游戏规则

骨牌是由骰子戏演化而来的一种游戏，在中国古代社会中长期流行，因其材质多为牛骨，因而被称为骨牌，也有一些是用象牙制成的，称之为牙牌。关于骨牌的来历，现在的著作中多引用《诸事音考》中的记载："宋宣和二年，有臣上疏设牙牌三十二扇，共计二百二十七点，以按星辰布列之位。譬'天牌'二面二十四点，象天之二十四令。'地牌'二扇四点，象东西南北。'人牌'二扇十六点，象人之仁义礼智，发而为恻隐羞恶，辞让是非。'和牌'二扇八点，象太和元气，流行于八节之间，其他牌名类皆合伦理庶物器用。表上，贮于御库，疑烦未用。至宋高宗时始诏如式颁行天下。"[1]明代谢肇淛的《五杂俎》中记载："今博戏之盛行于时者，尚有骨牌。其法古不经见，相传始于宣和二年，有人进此。"按照这两种记载，骨牌是由皇帝亲自颁布的，在宋代宣和年间已经出现了完整的骨牌游戏规则。其后的著作中也多沿用这种说法，所以骨牌又被称为"宣和牌"。

骨牌的玩法很多样，有"碰和牌""游和牌""挖花""接

---

[1] 转引自杨荫深：《中国游艺研究》，上海文艺出版社1990年影印本。

龙""推牌九""打天九"等,其中最常见的是"推牌九"和"打天九"。"打天九"使用的是三十二张一副的骨牌,按照文、武两个系统分牌,文牌包括大牌、长牌和短牌三类,每一种牌都是二张,其从大到小的顺序为至尊(二四、幺二)、天牌(六六)、地牌(幺幺)、人牌(四四)、和牌(幺三)、长五(五五)、长三(三三)、长二(二二)、五六、四六、幺六、幺五、天九、地八、人七、和五等。"推牌九"出现的时间比天九略晚,但也使用三十二张牌,基本规则与天九相似,都是以点数来决定胜负。骨牌从宋代产生,经过宋元明时期不断地发展演变,最终定型。民间的骨牌游戏相对简单,名称也较为通俗。而很多文人将骨牌的组合与一些清雅的诗词相联系,使之成为文人雅士推崇的游戏。明代的瞿佑曾作《宣和牌谱》,在其中列举了62种不同的牌面组合及其名称,每种组合并附唐诗一句,此后这种牌名加诗词的游戏形式成为骨牌游戏的主流。

在《红楼梦》第四十回中就有专门描写贾府中玩骨牌的内容。从这段描述中,我们可以较为清楚地了解清代上层社会所玩的骨牌游戏。下面结合文字具体来看。①

鸳鸯道:"如今我说骨牌副儿,从老太太起,顺领说下去,至刘姥姥止。比如我说一副儿,将这三张牌拆开,先说头一张,次说第二张,再说第三张,说完了,合成这一副儿的名字。无论诗词歌赋,成语俗话,比上一句,都要叶韵。错了的罚一

---

① 以下引文均出自(清)曹雪芹、高鹗:《红楼梦》,人民文学出版社1996年版。

杯。"众人笑道:"这个令好,就说出来。"从描述来看,这种骨牌三张为一副,每一张都需要一句令韵。

鸳鸯道:"有了一副了。左边是张'天'。"贾母道:"头上有青天。"众人道:"好。"鸳鸯道:"当中是个'五与六'。"贾母道:"六桥梅花香彻骨。"鸳鸯道:"剩得一张'六与幺'。"贾母道:"一轮红日出云霄。"鸳鸯道:"凑成便是个'蓬头鬼'。"贾母道:"这鬼抱住钟馗腿。"说完,大家笑说:"极妙。"贾母饮了一杯。在这段描述中,贾母的牌面为"天牌""五六"和"幺六",有一张大牌,两张小牌。贾母所对的韵句中"头上有青天"中有"天"对应"天牌","六桥梅花香彻骨"中有"六"对应"五六","一轮红日出云霄"中的"一"对应"六与幺"。"天牌""五六"和"幺六"组成了一副"蓬头鬼",这副牌只有"幺六"中有一红点,其余为黑点。"蓬头鬼"在牌谱中没有记载,很可能是曹雪芹暗示贾府即将衰亡而取的名字。

我们再看一下薛姨妈的牌。鸳鸯又道:"有了一副。左边是个'大长五'。"薛姨妈道:"梅花朵朵风前舞。"鸳鸯道:"右边还是个'大五长'。"薛姨妈道:"十月梅花岭上香。"鸳鸯道:"当中'二五'是杂七。"薛姨妈道:"织女牛郎会七夕。"鸳鸯道:"凑成'二郎游五岳'。"薛姨妈道:"世人不及神仙乐。"在这副牌中"大长五"和"大五长"是一样的牌,后者只是为了押韵而倒过来,牌面都是由两组梅花形的白色五点组成,所以薛姨妈对中都有"梅花"。中间的"二五"是上二下五的牌面，合起来为七点，对应"七夕"。这三张牌组成的"二郎游五岳"，从牌面上看是中间牌上的二点和五组梅花形的五点组成。下面依次是史湘云、薛宝钗、林黛玉、迎春，皆为诗词雅韵，其后便是刘姥姥。刘姥姥道："我们庄家人闲了，也常会几个人弄这个，但不如说的这么好听。少不得我也试一试。"众人都笑道："容易说的。你只管说，不相干。"鸳鸯笑道："左边'四四'是个人。"刘姥姥听了，想了半日，说道："是个庄家人罢。"众人哄堂笑了。贾母笑道："说的好，就是这样说。"刘姥姥也笑道："我们庄家人，不过是现成的本色，众位别笑。"鸳鸯道："中间'三四'绿配红。"刘姥姥道："大火烧了毛毛虫。"众人笑道："这是有的，还说你的本色。"鸳鸯道："右边'幺四'真好看。"刘姥姥道："一个萝葡一头蒜。"众人又笑了。鸳鸯笑道："凑成便是一枝花。"刘姥姥两只手比着，说道："花儿落了结个大倭瓜。"众人大笑起来。刘姥姥所讲的牌词，都是一些身边的事情，正如其说"我们庄家人闲了，也常会几个人弄这个，但不如说的这么好听"，"不过是现成的本色"，这也说明当时在农村中也流行玩骨牌。

　　从《红楼梦》中的描述来看，骨牌在清代社会是非常流行的，上至王公贵族，下到平民百姓都有玩这种游戏。而民间以骨牌赌博之事非常普遍，如档案记载乾隆五十六年二月初六日一更时分，"有该旗马甲长保住与民人马文清、马文成等在茶馆内用骨牌赌钱，甲长保住输钱六文。"[1]在茶馆内用骨牌

---

[1] 故宫博物院藏：《乾隆朝上谕档》五十六年三月二十一日，第3条。

赌钱是清代城市中常见的现象,为此清政府严厉禁赌,但"刁顽之人复又变出别样赌法,或以竹骨牙牌三十二张,配合纸牌名目,或用钱文跌博木刻押宝,并有另制筹码折算银数,借称摇会赛点等项"[1]。骨牌赌钱形式多样,可谓防不胜防,由此也可说明当时骨牌在民间之盛行。

2. 清宫的骨牌

清代的骨牌游戏盛行,在宫廷中也不例外,上至帝后妃嫔,下到宫女太监,斗骨牌之风很盛。如《国朝宫史》记载:"雍正八年三月初四日,上谕:'谕总管太监传与各处首领太监知悉,阿哥现居宫内,年已长成,尔等不可趋奉,亦不可得罪,并不许向阿哥处往来行走,即阿哥下太监亦不许与尔等所属太监饮酒、下棋、斗骨牌、说闲话。'"[2]皇帝亲自下旨规定太监不许"饮酒、下棋、斗骨牌、说闲话",这从侧面说明当时宫廷里的太监等也玩"斗骨牌"等游戏。美国学者何德兰在其著作中描述了在北京王府福晋的丧礼上,"桌子上有一副牌和一套骰子,都是老

◀ 牌九

这件骨牌为木质,共有32张,牌面点数用红、蓝两色,外附木盒。

---

[1] 故宫博物院藏:《世宗宪皇帝朱批谕旨》卷一百七十四之十三。
[2] (清)鄂尔泰、张廷玉等编撰:《国朝宫史》,北京古籍出版社1994年版,卷三。

福晋平时极喜欢的东西",（少福晋）说道："可她喜欢牌和骰子，椅子又是少不了的。不管是不是用得上，把它活着时喜欢的全都烧给他，我们也就安心了，也可以借这个寄托我们的哀思"①。这从一个侧面可见当时上层社会斗牌风气之盛。

从档案记载和现存的文物来看，清宫的骨牌为32张一副，材质有象牙、青玉、檀香木等多种。清宫制作的骨牌不仅材质上乘，制作也十分精细，如雍正初年"总管太监张起麟交：象牙骨牌十几块。说太监刘玉传旨：照此样回圈微放大些，点儿上烧珐琅，应点金处仍点，盒用好象牙做一份，钦此"②。象牙骨牌的点数是用珐琅和金装点的，而所配的包装盒也是象牙制成的。除了骨牌本身的装饰外，相应搭配的器物也很讲究，如乾隆六年六月初三日"太监高玉等交：象牙骨牌一副，随寿山石庄马一件，象牙藕节四件，象牙豆瓣十六件，象牙松镶四十件"③。这幅象牙骨牌，搭配有寿山石的庄码和象牙的藕节、豆瓣和松镶，这些筹码都是玩游戏时所用的辅助工具。除此之外，其他搭配的还有骰子、木盘等，如"太监高玉等交象牙骨牌一副，随白海螺四十件"④，再如"随骰子六个，噶

---

① （美）何德兰著，晏方译：《慈禧与光绪：中国宫廷的生存游戏》，中华书局2004年版，第198页。
② 中国第一历史档案馆、香港中文大学文物馆合编：《内务府造办处活计档案总汇》，人民出版社2005年，第1册，第77页。
③ 中国第一历史档案馆、香港中文大学文物馆合编：《内务府造办处活计档案总汇》，人民出版社2005年，第10册，第90页。
④ 中国第一历史档案馆、香港中文大学文物馆合编：《内务府造办处活计档案总汇》，人民出版社2005年，第10册，第93页。

式哈四个，紫檀木盘，青玉骨牌一副，紫檀木匣"①。这里的白海螺是游戏筹码，而骰子等则是游戏的辅助用具。

从故宫博物院所藏的骨牌文物来看，骨牌的长度多为5～6厘米，宽度多为2～3厘米，厚度为1厘米左右。其中一件为象牙材质，共有骨牌32张，牌面点数为红、蓝两色，外附紫檀木盒，盒上有"万寿无疆"的字样，这应该是晚清宫廷后妃们日常玩耍所用之物。

第四节　代代传承乐国粹——叶子、马吊、默和牌与麻将

1. 叶子戏与水浒叶子

近代学者杜亚泉先生在《博史》中说："由博棋衍为象棋，由博塞变为骰子及骨牌，此为博之二大支。但唐时异军突起，于博棋、博塞之外，另成一系统，则为叶子戏。"②且不论这种结论是否正确，唐代出现叶子戏则是确定的。关于叶子戏，在《咸定录》中记载："唐李郃为贺州刺史，与妓人叶茂莲江行，因撰骰子选，谓之叶子戏。咸通以来，天下尚之。"李郃在贺州刺史任上撰写了《骰子采选格》三卷，与官妓叶茂莲在江舟

---

① 中国第一历史档案馆、香港中文大学文物馆合编：《内务府造办处活计档案总汇》，人民出版社2005年，第13册，第618页。
② 杜亚泉：《博史》，新星出版社2007年版，第197页。

上以骰子格娱乐，后逐渐盛行。后李郃入京，将叶子戏带入京城，唐代的《杜阳杂编·同昌公主传》记载："韦氏诸家，好为叶子戏。"这说明当时叶子戏很是盛行。关于叶子戏的另一种说法，是来自宋代欧阳修的《归田录》，其卷二中记载："叶子格者，自唐中世以后有之。说者云，因人有姓叶号子清者撰此格，因此为名。此说非也。唐人藏书，皆作卷轴，其后有叶子，其制似今策子。凡文字有备检用者，卷轴数难卷舒，故以叶子写之。"欧阳修的结论与《咸定录》中的记载还是有较为明显的出入，两者皆有道理。但目前关于叶子戏的最终来源，尚无确切的结论。

唐代中叶之后，叶子戏逐渐盛行，正如欧阳修所说："唐世士人宴聚，盛行叶子格，五代国初犹然，后渐废不传。"从记载来看，叶子戏更多的是作为一种酒令游戏出现在宴会等活动中。《安雅堂觥律·跋》中有"叶子行觞，欢场雅事也"，《辽史》中有"穆宗与群臣为叶格戏"的记载。这种"叶格戏"与后代的叶子纸牌应该是有区别的，是一种更接近叶子选格的游戏。据日本学者大谷通顺先生研究，唐代叶子不是纸牌，而是一种接近南北朝摴蒲和宋代打马等的掷骰走棋的游戏法。明代之前并未出现名叫"叶子"的纸牌[1]。

到宋代，随着骨牌的兴起，叶子戏中的一些游戏规则逐渐与骨牌融合，出现了一种将骨牌图案印在纸上的纸牌。这种

---

[1]（日本）大谷通顺：《马吊牌研究中的几个问题》，1994年丝绸之路古代体育国际学术研讨会。

将叶子戏与骨牌结合的牌戏随着印刷术的发展在民间广泛流行。在宋代周密的《武林旧事》中列举南宋小经纪有卖玩具的，其中就有选格图、关叶等。而在明代陆容的《菽园杂记》中也有"关叶"这种玩具名称出现。这两种"关叶"很可能就是骨牌逐渐纸质化的传承形式。到明代出现了以水浒人物为肖像的"水浒叶子"，这种叶子牌在明清时期非常盛行，目前所见版本最多的是晚明画家陈洪绶的《白描水浒叶子》（表1），牌以水浒人物为面，并附有相关的酒令文字。

表1　陈洪绶所绘《白描水浒叶子》中的人物及附录文字

序号	牌名	人物	牌面文字
1	万万贯	宋江	好施与者大杯
2	千万贯	关胜	饮先驱者
3	百万贯	武松	端方与发覆眉者各一杯
4	九十万贯	花荣	宝花者一杯
5	八十万贯	鲁智深	逃禅者、未冠者一杯
6	七十万贯	张横	夺人所爱者大觥
7	六十万贯	雷横	惊座者与席中不规者各大杯
8	五十万贯	解珍	善讥刺者二杯
9	四十万贯	燕青	俊逸饮
10	三十万贯	阮小五	昆玉同席者饮
11	二十万贯	扈三娘	室人行三者与身修者各饮
12	九万贯	卢俊义	家藏珍玩者大杯
13	八万贯	林冲	美质一杯

(续表)

序号	牌名	人物	牌面文字
14	七万贯	朱仝	美髯者巨觥
15	六万贯	张清	不修边幅者、好洁者饮
16	五万贯	杨志	饮无主张者
17	三万贯	穆弘	坦然者饮
18	二万贯	阮小七	居季者一小杯
19	一万贯	孙立	卓荦者一觞
20	九百子	吴用	善谋者饮
21	八百子	呼延灼	双簪者二杯
22	七百子	董平	兼才者双杯
23	六百子	李逵	直谅者饮
24	五百子	徐宁	服常盛者一杯
25	四百子	李俊	逢辰年生者与搅席者各饮
26	三百子	张顺	契水者饮
27	二百子	解宝	赏鉴大杯
28	一百子	樊瑞	事鬼神者饮
29	九文钱	朱武	善主持者饮
30	八文钱	阮小二	兄弟同席者双杯
31	七文钱	石秀	饮磊落清俊者
32	六文钱	刘唐	讳号遇姓者饮
33	五文钱	李应	志大者大觥
34	四文钱	杨雄	与古人同名者、多病者饮

(续表)

序号	牌名	人物	牌面文字
35	三文钱	史进	乔装者一杯
36	二文钱	索超	颖达者、精进者同饮
37	乙文钱	柴进	贵介、广交者巨觥,簪花者一杯
38	空一文	公孙胜	囊空者、得意者一杯
39	半枝花	秦明	声闻隆者饮

注:陈洪绶的《白描水浒叶子》现由台北石头书屋陈启德先生收藏,图版见于刘榕峻《陈洪绶〈水浒叶子〉研究》

陈洪绶雕版《水浒叶子》的评语与《宋江三十六赞》中的评语基本类似,并结合相关人物的特点进行描述,确为宴会饮酒中难得的酒令游戏。正如刘成禺先生在《百花洲吟·水浒叶子》中所写:"老莲运笔见丰神,写出梁山卅六人。好以此图当酒令,虽然游戏不无因。"其他版本的水浒叶子也是大同小异,只是在一些人物的附语上有所区别。

到清代,叶子戏从酒令游戏逐渐转变为日常游戏器具,点数标识也取代了酒令词句,叶子牌逐渐演变成游戏所用的纸牌。在《宫女谈往录》中有这样一段记述:"清廷里一年到头是不许赌博的,当然,在慈宁宫的老太妃们除外,她们最多玩玩纸牌,叫梭子胡,大致和现在的麻将玩法相似,只是不限制四家。"这种老太妃们日常玩的纸牌就是叶子牌。纸牌在清代宫廷及贵族之家非常盛行,据《啸亭杂录》记载:"(雍正时)

王殿元云锦于元旦同戚友为叶子戏,忽失一叶。次日上朝,上问夜为何欢,王以实对。上笑曰:'不欺暗室,真状元郎。'因袖中出叶示之,即王夜间所失叶。"[1]这个故事从侧面说明当时贵族之家常玩叶子戏。

清代宫廷中也有叶子牌,在故宫博物院现存的文物就有一些清代的叶子纸牌。清宫当年玩的整副牌为120张或150张不等。牌呈长方形,长9.2厘米,宽2.3厘米。牌面以白色为底色,四周饰黑、绿、黄等各色边。其所绘人物形象与陈洪绶所绘的《水浒叶子》人物形象基本类似,并出现了明代少有的"朱贵、戴宗、郁保四、宗万、杨春、项充"等人物形象。在这种牌的牌面两端,分别绘有各类代表不同点数的图案,如圆形、"卍"形,"叶"形等。牌中图案就水浒人物而言,刻画细腻、线条简洁而不失逼真,体现了画中各人物的朴实、豪杰的特点。起初牌面大体保留了明代水浒叶子牌的构图风格,但后来又发展为以实物形象为主,有的全副牌无人物图形,这也是游戏逐

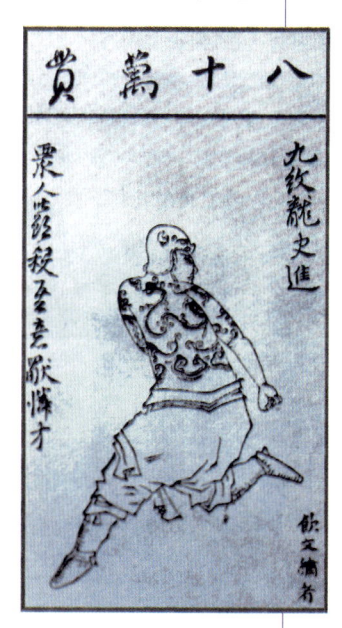

▶ 纸牌·九纹龙史进

九纹龙史进牌,上有"八十万贯"牌名,牌面人物身上绘有九条龙纹,展示了史进最具特征的一面。牌右下角有"饮文绣者",即抽到此牌后身上有文身者需要饮酒。

---

[1] (清)昭梿撰:《啸亭杂录》,中华书局1980年版。

渐发展演变的结果。

2. 马吊牌

马吊牌起源于明代中后期,杜亚泉在《博史》中认为,"明嘉靖间,潘子恒著《叶子谱》,金学诗《牧猪闲话》以为旧马吊牌旧谱,然则叶子即为旧式马吊牌无疑。元陶宗仪《说郛》言'吴人龙子犹《马吊脚例》即马吊牌谱',是马吊牌之名称,在元时已行。盖元明之间,叶子与马吊牌,实为同物,或称叶子,或称马吊,其谱相同也。新式之马吊牌,始行于天启,即指新式之马吊牌而言。此种天启马吊牌,盛行于明末清初之时,至清乾隆时尚流行。其后惟扬州一处,流行较久,故称扬州马吊牌"[①]。从前贤的研究中,我们可以发现元代已经出现了马吊牌的称呼,但流行于清代的马吊牌则是明中后期才出现的。

在《牧猪闲话》中记载的马吊牌的样式"分为十万贯、万贯、索子、文钱四门。文钱、索子、万贯,皆自一至九,各九

▼ 马吊牌·宋江

此图为马吊牌中的宋江形象,牌名为"万万贯",牌面绘有宋江的形象,并附有个人简介式说明——"呼保义宋江"和"刀笔小吏尔乃好义"。

[①] 杜亚泉:《博史》,新星出版社2007年版,第197页。

页。十万贯亦称十字门，自二十万贯始，至九十万贯、百万贯、千万贯、万万贯，凡十一页。百万贯又称百老，千万贯又称千红，万万贯又称万胜。文钱一门，尚有空汤、花枝二页，亦十一页，全具共四十页。牌色中最尊者俱绘人形，署《水浒》宋江诸人姓名。其戏法有种种，有京吊、吴吊之别，但均以大击小"[1]。这段文字非常详细地介绍了马吊牌的式样，从牌式上看，马吊牌与叶子戏有着密切的关系，二者既相辅相成又有所区别。水浒叶子和马吊牌都是四十张牌，都是以十万贯、万贯、子和文钱为式，马吊牌中的"文钱一门"中有"空汤和花枝"，叶子牌中为"空一文和半枝花"。

在故宫博物院现藏的马吊牌中，"万"字牌，主要是以水浒人物为图案。其上面的人物主要有万万贯为"天魁星"呼保义宋江，千万贯为"天伤星"行者武松，百万贯为"天罪星"短命二郎阮小五，九十万贯为"天败星"活阎罗阮小七，八十万贯为"天满星"美髯公朱仝，七十万贯为"地永星"病迟尉孙立，六十万贯为"天微星"双鞭呼延灼，五十万贯为"天孤星"花和尚鲁智深，四十万贯为"天杀星"黑旋风李逵，三十万贯为"天暗星"青面兽杨志，二十万贯为"地彗星"一丈青扈三娘，九万贯为"天退星"插翅虎雷横，八万贯为"天空星"急先锋索超，七万贯为"天猛星"霹雳火秦明，六万贯为"天微星"九纹龙史进，五万贯为"天寿星"浑江龙李俊，四万贯为

---

[1] 转引自杨荫深：《中国游艺研究》，上海文艺出版社1990年影印本。

"天贵星"小旋风柴进，三万贯为"天勇星"大刀关胜，二万贯为"天英星"小李广花荣，一万贯为"天巧星"浪子燕青，等等。这些水浒人物与水浒叶子中的人物稍有不同，在排序上也有区别，这也许是明清两代对水浒英雄人物的看法不同所致。不同的马吊牌，人物也有区别，如有的马吊牌中"七万"为扈三娘的形象，有的"九万"为扈三娘。虽然在细节上有所差异，但整体上还是遵循了马吊牌的规则。

"索子"牌皆为贯钱的索形，如"八索"分两串并列叠落四层表现。以此类推，其图案形状为九索自下蠡四贯，叠二贯而锐其一，八索叠两而四之，七索叠二者三而斜其一，六索如六水双翘，五索如八卦形，四索如双珠环，三索如品字形，二索如折足，一索如股钗。

文钱则以图形表示，诸如"铜钱纹""太极纹"等，"五钱"的画面则是四枚铜钱与一个太极图，"九钱"则是九枚铜钱等。其图案形状为：半文钱，花实各半，或曰"一枝花"；一

▲ 马吊牌

钱如太极,二钱如腰鼓,三钱如乾卦形,四钱如连环,五钱如五岳真形,六钱如坤卦形,七钱如北斗形,八钱如块玉,九钱如三叠峰。除此之外还设有"尊空没文",据学者考证"尊空没文"取自于波斯进宝的原型[1],因又有标曰"矮脚虎",故又有人认为其原型是水浒英雄中的矮脚虎王英,此牌为素面,后逐渐发展为麻将牌的"中、发、白"字牌。

3. 默和牌

默和牌是由马吊牌演变而来,马吊牌在清初遭到禁止,于是游戏者将马吊牌的一些游戏规则进行改变,改头换面制成默和牌。金学诗在《牧猪闲话》中对默和牌有详细的描述,"今之纸牌,形制调度,前人未有著录者,大约仿马吊牌而益损之。疑始明之末造,而盛于今世。虽乡僻处无地不有,非甚谨愿者无人不晓,较马吊牌奚啻十倍。纸牌长二寸许,横广不及半,绘画雕印。凡六十页为一具,页各有隅也。共三十种,分为三门,曰'万贯',曰'索子',曰'文钱',皆自一至九,共二十七种,余三种曰'幺头'。其一万贯、一索子、一文钱亦曰'幺头'。万贯皆绘画形,索子、文钱则各绘其形制。聚客四人,案设蒯蒢,乃出戏具。拈一人为首,依次摸牌,每人各得十页,谓之'默和'"[2]。从记载来看,默和牌是从马吊牌演

---

[1] (日本)大谷通顺:《马吊牌研究中的几个问题》,1994年丝绸之路古代体育国际学术研讨会。
[2] 转引自杨荫深:《中国游艺研究》,上海文艺出版社1990年影印本。

变而来的一种游戏，盛行于清代，与马吊牌的游戏规则基本类似，在牌的角隅绘制各种图案，只有"万贯"上面绘有水浒人物图像，而"索子"和"文钱"则是绘制成条索和方孔钱的图样。从图像上看，相较于马吊牌，这种牌在绘图上更加程式化和简约化，而缺少了马吊牌逼真细腻的绘图风格。在游戏时，四人为一具，依次摸牌，每人十张，组成顺序结构，先组合成功者为胜。从默和牌的游戏规则看，它与其后的麻将牌非常相似，故有人又将默和牌称为"纸麻将"。

4. 麻将

麻将是中国人喜闻乐见的娱乐休闲游戏之一，也深受世界各国人民的喜爱。麻将游戏是中国人民智慧的结晶，也是现在我国最具规模和影响力的智力体育活动之一。虽然麻将自晚清至今百余年几乎成为家喻户晓的国粹，但关于麻将的起源多年来是一个谜，并演绎成许多传说。《麻将探奇》记载，麻将为江南船夫所创。相传江南运河沿岸的船夫们喜欢玩一种纸牌，因为江中风大，纸片常常被风吹落江中，于是有好事者便改纸制牌为竹骨相嵌的骨制牌。其牌名筒、索、万皆以船家行话称呼，如"筒"为船上货物，"索"指升帆的九条绳索，"万"为所得钱数。东、南、西、北，指江、河，风向和船行之去向；"红中"指商人看中的，未被看中的则为"白板"；"发"比喻发财。这种传说带有明显的附会成分，但也可看出麻将的产生与航运有较为密切的关系。

▲ **麻将牌**

这是清晚期宫廷所用的麻将牌，外为紫檀木盒，麻将牌为象牙材质，共有128张牌，以红、绿、黑等颜色标注牌面图案。上面抽屉中装有象牙筹码，便于游戏时使用。

《辞海》中关于麻将的解释：麻将牌，也作"麻雀牌"，简称"将牌"；博戏，始于清代，由马吊牌演变而成。但在现存的相关文献中，对麻将出现的时间、诞生的地区的记载尚有颇多疑问。学者徐珂在《清稗类钞》中有"叉麻雀"的记载："麻雀亦叶子之一，以之为博，曰叉麻雀。凡一百三十六，曰筒，曰索，曰万，曰东西南北，曰龙凤白，亦作中发白。始于浙之宁波，其后不胫而走，遂遍南北……抑又思之，麻雀，马吊之音之转也。吴人呼禽类如刁，去声读，不知何义，则麻雀之为马吊，而确有证矣。宋名儒杨大年著《马吊经》，其书久佚，是马吊固始于宋也。筒，阴象也；索，阳象也；万，数之极也，盖本饮食男女之意也。其后以楮易竹，遂称叶子，绘梁山盗一百八人于上，时尚无中发白东西南北也。至国朝，淮扬盐贾盛行此戏，陶文毅尝禁绝之。蓰商乃改绘梁山盗宋江貌如陶文毅，并其女公子。粤寇起事，军中用以赌酒，增入筒化、索化、万化、天化、王化、东西南北化，盖本为封号也。行之未几，流入宁波，不久而随普及矣。"①

---

① （民国）徐珂：《清稗类钞》，中华书局1984年版，第10册，第4905页。

皇帝的小玩具

杜亚泉在《博史》中记载："马将牌始于何时，不能确定，但当较默和牌后。默和牌始于明之末造，则马将牌之改作当在明亡之后矣。相传谓马将先流行于闽粤濒海各地及海舶间，清光绪初，由宁波江厦延及津沪商埠。大约明亡

▲ 象牙麻将牌

这是慈禧太后曾经使用过的麻将牌，麻将盛放在一木盒内，底层为麻将牌，象牙材质，上刻"万、饼、条"等纹饰，上面两层装有搭配游戏使用的象牙筹码。盒面有"吉羊"标识，富意"吉祥如意"。

以后，达官贵胄及其宗亲子弟，各奔于浙闽两粤之海上，故流传此牌。五口通商以后，海舶多聚于宁波江厦，各省贾客流寓江厦，繁盛过于上海，演习马将者众。此时已改制骨牌，且加梅兰竹菊、琴棋书画等花张称为花马将，逐渐流行，由津沪波及全国，盖已五十余年于兹矣。"①

近代学者杨荫深在《中国游艺研究》中认为，"马将牌起初为纸制，后则变为骨制。马将牌今亦称麻雀牌。其称为马将，盖由马吊牌转变而来，又加将牌，故名。相传马将牌先流行于闽粤濒海各地及船舶间。大约明亡以后，达官贵胄及其宗室子弟，多奔走于浙闽两粤之海上，故流传此牌。清乾隆年间，尚流行默和牌。乾隆以后，花和牌盛行，亦无人过问。五口通商以后，海舶多聚于宁波江夏，各省贾客流寓江夏，繁盛过于上海，演习马将者遂日众。此时已改骨制牌，且加梅兰竹

---

①杜亚泉：《博史》，新星出版社2007年版，第198页。

菊琴棋书画等花张,由津沪波及全国,盖已五十年矣"①。

当代学者冯尔康、常建华在其所著《清人社会生活》中认为,"(清代)以各种纸、骨制成的牌,源于唐宋时期的叶子格","麻将牌,由马吊牌演变而成,麻将牌也叫作'麻雀牌',玩麻将或称'雀戏'。麻将牌多用竹、骨、纸等制成,凡一百三十六块(张),牌分筒、索、万三门,每门一至九,各四块(张),另加东、西、南、北,龙、凤、白(亦作中、发、白),各四张。四人一局,每人先取十三张,以先合成四组另一对牌为胜。麻将牌后来流传到西方,称为中国牌"②。

综合以上各种著作及传说,我们可以对麻将的起源有一个相对较为清晰的认识。起源于唐宋年间的叶子格可认为是现代麻将的鼻祖,而麻将是由起源于明中叶的马吊牌发展而来的,其内在结构和游戏规则都承继了马吊牌,经过长时间的演变,逐渐形成独具特色的麻将文化。麻将的发源地现在一般认为是浙江宁波,从各种传说上看,麻将很有可能是船夫或水手在日常的休息中将原来的马吊牌游戏同骨牌、纸牌等斗牌游戏结合、嫁接,而创造出的一种娱乐游戏,后逐渐流行于江浙沿海地方,并经过商人或军士的改造,使其更具娱乐性,且经过改进的麻将牌相对于纸牌等更加容易保存,因而得到民众的广泛接受,迅速普及。

麻将在诞生之后,因其娱乐性强而迅速流行,在清末逐渐

---

① 杨荫深:《中国游艺研究》,上海文艺出版社1990年影印本,第88页。
② 冯尔康、常建华著:《清人社会生活》,沈阳出版社2002年版。

成为国人最喜爱的休闲游戏之一。当然清人嗜赌,"以赌博为消闲之具,日夜不休",赌博风气盛行也在很大程度上助长了麻将的传播速度,以致"光、宣间,麻雀盛行,达乎诸侯大夫及士庶人,名之曰看竹,其意若曰何可一日无此君也"。时人会稽陶浚宣作长篇咏之,"罡风吹鸟名鹪鹩,无昼无夜好啾啾。飞向人间啄大屋,宾客欢笑妻孥愁。一啄再啄金屋破,啾啾唧唧号未休。初翔江之右,倏忽腾九州。问制何自始,易竹乃废纸……到门踟蹰惭妇孺,誓绝安阳旧博侣。明朝见躐眉色舞,枭化为狼蝮为蝎"。由此可见,民间以麻将赌博已经成为一种社会问题,但这也从侧面反映了当时麻将的盛行。就地域而言,麻将从江浙地区蔓延到全国,《清稗类钞》中有"王治馨与客作雀戏"的记载,王在宣统年间任奉天巡警局总办,闲暇之时,以打麻将消磨时间。这说明当时麻将已经在东北地区也非常流行,可以想象麻将大抵已经流行于整个中国。在参与的范围上,麻将爱好者涵盖社会的各个

◀ 打麻将的妇女

这是晚清上海妇女打麻将的场景。四人成桌,激斗正酣,旁有一人观牌。桌上有水烟袋等。此展现了当时贵族妇女的日常生活场景。

阶层,上至王公贵族,下至平民百姓。麻将成为很受时人喜爱的一种游戏,有"何可一日无此君"之说,并逐渐成为清代最具代表性的一种牌类游戏。

清代宫廷日常也很盛行麻将牌游戏。《清稗类钞》有"孝钦后好雀戏"的记载,"孝钦后尝召诸王福晋、格格博,打麻雀也。庆王两女恒入侍。每发牌,必有宫人立于身后作势,则孝钦者有中发白诸对,侍赌者辄出以足成之。既成,必出席庆贺,输若干,亦必叩头来孝钦赏收……牌以上等象牙制之,阔一寸,长二寸,雕镂精细,见者疑为鬼斧神工也"[①]。"孝钦后"即慈禧太后,从记载中可以看出,这种起源于民间的游戏已经流行于统治阶层,甚至后宫都以此为乐。宫廷使用的麻将牌制作精美,用料考究,一般以上等象牙或青玉、白玉为材料,其本身就是一件难得的工艺品。宫中所玩麻将牌的规则与一般百姓家不同,在名称上更讲究吉利,如"步步高升""万代封侯""满堂红"等。民间麻将牌中的"中""发""白"等名称在宫中被替换为"龙""凤""白",这也是

▲ **象牙竹背麻将牌**

这是一副象牙竹背麻将牌,牌面为象牙材质,背面镶竹,这幅麻将牌的牌面为一至九万的万字牌,一至九饼的饼字牌和一至九条的条字牌,并有"龙、凤、白"等替代民间麻将中的"中、发、白"等牌。与麻将牌搭配使用的还有象牙的骰子和筹码。

---

① (民国)徐珂:《清稗类钞》,中华书局1984年版,第10册,第4907页。

与宫廷相匹配的特色。宫中还有一些忌讳词语，如帝后的名讳等，游戏中则不能出现；反之，也有一些词语，因为当政者喜欢，所以出现在游戏中。如慈禧太后喜欢羊，在其当政时期，宫中所玩的麻将牌就名为"吉羊"，将"祥"字改成"羊"，在游戏规则上，如"三羊（阳）开泰"等这类词的词语就非常多。另外，宫中玩麻将基本上是以娱乐为主，很少涉及赌博的成分，所谓赌资，不过是个彩头而已，这与《红楼梦》中的陪贾母打牌的性质是一样的。与麻将牌配合使用的骰子、牙筹等游戏器具也是麻将游戏的重要组成部分，清宫所使用的牙筹都是用上等象牙制成的，上面刻有精美的图案，标有一定的数量单位。这些辅助器具增强了游戏的趣味性和刺激性，在一定程度上推动了麻将游戏的传播。

第五节　西洋纸牌渐流行——扑克

扑克，源自英文名称的"PUKER"，是一种西方游戏纸牌，在19世纪传入我国。关于扑克的起源，目前在世界上有不同的观点。意大利人认为扑克牌是由威尼斯河畔的先祖发明的，因为早在1376年意大利就出台了禁止用扑克赌博的条例。学者霍契曼则认为世界上第一副扑克牌应该是出现在非洲金字塔下埃及人所用的玩具。而我国学者杜亚泉在《博史》中认为，"现行之西洋纸牌与天启马吊牌有类似之处甚多，如马吊牌有文钱、索子、万贯、万万贯四门，各自一至九，凡九张。

西洋纸牌亦有四门，各门一至十，凡十张，所差甚微，一也。马吊牌以一至九为大张，西洋纸牌亦以一至十为大张，二也。马吊牌以百老、红千、万胜为最尊，西洋纸牌亦有K、Q、J三大张，均类似也，三也。马吊牌中，大张多绘人形，西洋纸牌亦然，四也……知西洋纸牌，实起源于亚洲……且与印刷术传播大有关系"[1]。不论扑克究竟起源于何地，但近代扑克的确是由开放口岸中的外国人传入，并逐渐为时人所接受的。

扑克在清代社会大行其道的同时，也被引入宫廷之中。故宫博物院现藏有数副清宫遗存的西洋扑克，这些扑克与现在市面上流行的扑克略有不同，其尺寸较小，类似于中国传统的纸牌。其图案也分为红桃、黑桃、方块和梅花四类，每种13张，共计52张，但没有大小王。每张扑克的右上角均绘有与本张扑克相对应的长方形图案，如黑桃A，就画一个黑桃，以此类推，数字10以上的分别以人物代替，与现在市面上所见的扑克基本相同。这些西洋扑克图案有西洋美少女的彩色半身肖像、军人肖像和土著人肖像等几类。这些扑克画面制作精美，图案采用西方油画技法，色彩鲜艳，笔触细腻，人物特征突出，具有很强的艺术效果。

▲ 扑克牌

---

[1] 杜亚泉：《博史》，新星出版社2007年版，第178页。

皇帝的小玩具

　　下面我们以故宫博物院现存的一套香烟扑克为例来看。这套扑克上面绘制的图案是维多利亚时代的英国淑女形象，比较全面地反映了当时英国富有的资产积极女性的穿着打扮、发式等流行元素。此套扑克牌共计52张，没有大小王，上面有"W.D.&H.O.WILLS's"的标志"四角星"，这是英国帝国烟草公司的前身威尔斯烟草公司的标识。在扑克的正面有"WILLS's Cigerettes"的标志。在1到10的扑克中以具体人物肖像为蓝本，如梅花5人物为"Madam Mouje"，梅花6为"Miss Fortescue"，梅花7是"Mrs Bernard Beere"，梅花8为"Florence Dysart"等。威尔斯烟草公司是最早发行香烟扑克的公司之一，其生产的扑克制作精美，非常受欢迎，曾在20世纪引起收集香烟扑克的热潮。这副扑克中的淑女画像，恬静典雅，梳妆打扮正反映了当时英国社会的流行时尚，同时也引领着当时世界的潮流。在清末的宫廷，宣统皇帝及皇后婉容等人对西式的生活方式的认同和追求，从小小的扑克牌中可见一斑。

▲ 香烟纸扑克牌

第九章　西方机械玩具

溥佳在《清宫回忆》中说："我们（陪伴溥仪读书的皇室子弟）最喜欢的还是那些带机器的玩意儿，如大八音盒和假鸟等。鸟笼全是用金丝编织而成，鸟儿也都是用黄金做的，上面涂以各种颜色，简直与真鸟无异。把发条上好以后，悬挂于殿廊之上，登时便会众鸟齐鸣，悠扬婉转，展翅摇翎，真令人有栩栩如生之感。"[1]上文提及的这些机械玩具是清代宫廷玩具序列中重要的组成部分。曾在中国生活过很长时间的何德兰这样描述光绪皇帝对外国玩具的兴趣，"外国玩具中有一些是藏了发条的，它似乎一下子就使死的东西活了起来。旋紧发条，他们会自己动。这正是孩子所需要的——能使他这种天生爱机器的人感兴趣的东西，即使是布吉和托蒂（小说《海伦的孩子》中的人物）想知道什么东西带动轮子转，也不过就是小载

---

[1] 溥佳：《清宫回忆》，载《晚清宫廷生活见闻》，文史资料出版社1982年版，第10页。

涴那样。这些奇异的玩具不仅让小皇帝开了眼，也叫太监们开了眼，他们跑去买来更奇异、更复杂的玩具。没过多久，那位东交民巷的丹麦商人就开始怂恿欧洲的玩具厂专门为这位小皇帝设计制作玩具，这些玩具不仅包括真正的八音盒，还有火车、轮船、自鸣钟以及拨出转柄就会报小时、半小时、一刻钟的瑞士表，所有的这些玩具太监们都换着个儿得买了带进宫去。随着小皇帝的逐渐长大，丹麦老板也从其货源中提供与之年龄相称的玩具，直到欧洲适合孩子玩的复杂而奇妙的玩具全被光绪玩过了。"①

第一节 机械人偶夺天工
——清代宫廷的机械玩具

机械玩具是清宫玩具中很有特色的一类。这类玩具以发条为动力，通过齿轮驱动，凭借机械手段，模拟人或动物的动作。据清宫档案记载，康雍乾时期宫廷收藏的机械玩具非常精妙。② 下面结合档案记载具体来看。

明末清初进入中国的葡萄牙传教士安文思曾在清初入北京传教，并在康熙时期，进入宫廷为康熙皇帝服务。据记载："文思遂不复能尽其传教之职，而执工匠之业，为幼帝康熙制

---

① （美）何德兰著，晏方译：《慈禧与光绪：中国宫廷中的生存游戏》，中华书局2004年版，第70页。
② 关于清宫的机械玩具，本文参阅了关雪玲的《鸟音笼、写字人、魔术人：清宫的机械玩具》一文，文载《紫禁城》2014年第2期。

造器物,盖欲以此博帝欢,俾能继续传教也。文思因此有一次献一人像于帝,像内置机械,右手执剑,左手执盾,能自动自行,亘十五分钟不息。"[1] 从记载来看,安文思向年幼的康熙皇帝进献的是可以"自动自行"一段时间的机械人玩具。这种以发条为动力,模仿人或动物动作的机械玩偶在清宫中很受欢迎。雍正时期,管理畅春园的官员报称,"园内有自行虎一件,虎上首尾毛发脱落,再铁轮亦有锈"。这种通过发条动力活动的机械玩具在宫廷所用的钟表上也多有展现,如故宫博物院现存一件"写字人钟",通过发条发动钟上面的西洋人可以写出"八方向化九土来

▶ **翻顶机械人**

这件翻顶机械人是穿着中国武生服饰的西方动作小丑形象。机械人双手扶在两张椅子背上作为支撑,跟随内部发条转动而旋转身体,呈现自由落体的动作。小丑通过左手连接内部装置。机械转轮装置安装在下面的绿色箱子内,转动发条,带动齿轮旋转,完成动作。

---

[1] (法)费赖之著,冯承钧译:《在华耶稣会士列传及书目》,中华书局1995年版,第257页。

皇帝的小玩具

王"八个汉字,且在写字时还伴随着转睛等神态,非常精妙。

再如乾隆二十九年,西洋国曾进献18个机械戏剧人,这些机械人周身为铜铸,高约一尺,18个铜人能演整部的《西厢记》。在开场前,插上钥匙,上弦启动,铜人中的"张生""莺莺""红娘""惠明"等角色便从箱子中走出来,其身段交接、身体动作等都非常逼真,并可根据剧情变换行头等。演完一出戏后,戏剧人物还会自行脱掉行头回到箱子内,下次出场时再自行起立。尽管文献中留下的关于清宫收藏、制作的机械玩具记载很多,但由于各种原因,清代早、中期遗存的机械玩具却非常少,只有作为钟表上附带活动装置的写字人、机械鸟和魔术人得以完整保留。

目前故宫博物院所保存的机械人偶姿态多样,有童子戏羊机械人、弹琴机械人、吹箫机械人、弹琵琶机械人、跳舞机械人、弹琴耍盘机械人、翻顶机械人、吸烟照镜机械人以及各种变魔术机械人等。这些机械人偶在音乐的伴奏下,可表演魔术、杂耍、弹琴、吹箫、跳舞和吸烟等动作。从生产时代上看,这些机械人偶大多是19世纪末、20世纪初由法国制造并输入中国的。机械玩具在动感和音

◀ **魔术机械人**

这是一件西方魔术师形象机械玩具,人物身着魔术师服装,面部逼真自然。在机械人前面有一张桌子,放置两个金属盖子,下面分别放置物品。通过齿轮转动,可以将这两个金属盖子相互变换位置,呈现出魔术的效果。

乐方面具有中国传统玩具无可比拟的优势，不但吸引着诸如雍正帝、乾隆帝这样的成年皇帝，对少年继位的皇帝的吸引力更大。溥佳在《清宫回忆》中记载，"有一次，我记得他(溥仪)让太监拿来一个能写'天下太平'的机器人和一个珐琅银质小盒，一按动机簧，就从河内跳出一个小鸟来展翅而鸣"，"(这些)小人翩翩起舞，小鸟展翅而鸣，使人眼花缭乱，真有'巧夺天工'之妙"①。由此可见，这些新奇的玩具对年幼的皇子们来说是具有非常大的吸引力的。

第二节　西洋乐器在宫廷
——八音盒、留声机和钢琴

1. 八音盒

八音盒的历史可以追溯到14世纪初期，那时宗教活动盛行，教堂塔楼的组合钟就有一套复杂的机械构造，以便驱动敲打出不同的钟声。这种排钟一度在欧洲非常盛行。1780年，瑞士拉绍德封的杰奎·德罗兹兄弟发明了机械自鸣鸟，其原理是通过圆柱体驱动机械，控制气流流过不同的金属管发声，从而模仿鸟类的叫声。后来人们发现，通过敲击不同长度或厚度的金属簧片，也可以发出各种音高的声音。1796年，日内

---

① 溥佳:《清宫回忆》，载《晚清宫廷生活见闻》，文史资料出版社1982年版。

皇帝的小玩具

瓦的钟表匠安东尼·法沃雷把铃铛换成了预先设置好音高的金属梳形器,然后利用一个圆柱形的转筒排列的小突起拨动簧片,这样可以使演奏出的乐曲更加精准和悦耳,这也是八音盒最为核心的部件。

1811年,在瑞士的圣克罗伊斯诞生了第一个八音盒,从此瑞士的八音盒制造业逐渐兴起。到19世纪末,瑞士的八音盒行业出口占据了该国出口总值的十分之一,成为国家的支柱性产业之一。这一时期八音盒与钟表分离,成为单纯演奏音乐的娱乐工具。随着工艺水平的不断提高,八音盒内部的构造更加精巧,音乐的演奏质量也大大提升。

▲ 小八音盒

这件小八音盒外边是一黄色木箱,上边有两个正在玩跷跷板的玩偶。盒内是八音盒的动力系统,通过发动发条,可以发出音乐,同时上面的两个玩偶也在跷跷板上上下活动。这种声、动一体的玩具对少年儿童有较大的吸引力。

八音盒自发明后很快随着传教士进入中国宫廷。溥佳在《清宫回忆》中说:"我们(陪伴溥仪读书的皇室子弟)最喜欢的还是那些带机器的玩意儿,如大八音盒和假鸟等。鸟笼全是用金丝编织而成,鸟儿也都是用黄金做的,上面涂以各种颜色,简直与真鸟无异。把发条上好以后,悬挂于殿廊之上,登时便会众鸟齐鸣,悠扬婉转,展翅摇翎,真令人有栩栩如生之感。"可见这类音乐器械在宫廷中很受欢迎。现在故宫博物院

▲ 八音盒

内依然保存着数十件八音盒，其功能结构基本类似。如左图这件嵌表八音盒，该八音盒长106厘米，宽54厘米，高47厘米，盒内藏有八音装置，左侧有上弦的扳手，右侧有三个键，一为定乐键，其余两个是开关。上弦启动后，能奏出钢琴和风琴的乐曲，还能击鼓、敲碗钟合奏。同时盒内前侧花草丛中的小鸟会欢快地跳动鸣叫。八音盒的正面还镶嵌有一块小表，铜质表盘，双针，有两套动力源，负责走时和报时[①]，这在当时是非常先进的。

2. 留声机

在留声机诞生之前，声音的传播是一种短暂消失的行为。除了可用文字描述相关的活动外，没有任何可以将声音留住的办法。直到19世纪，爱迪生发明了圆筒留声机，将留声技术运用到实际生活中，人们才开始将声音的原貌保存下来。因为早期留声机制作简单，仅仅可以复制声音，因此马克·科尔曼在《声音的再现》中将其称为"声音重放技术"。这种技术改变了声音的示现性本质，将人的听觉从空间、时间场域中解脱出来。从这个意义上说，留声机的诞生在人类文明史上

[①] 郭福祥：《嵌表八音盒说明》，载《海国微澜——故宫鼓浪屿外国文物馆展览图录》，故宫出版社2017年版，第600页。

具有里程碑式的意义[1]。

关于爱迪生发明留声机的故事，在布莱恩所著的《爱迪生》一书中有这样的记载："爱迪生随即做出一种十分可笑的举动来。在鼓上，他糊起一层薄薄的锡纸。于是，他把摇手转动金属杆，同时向小管中的一个大声嚷起一句有名的诗句'玛莉有只小小的羔羊！'于是他把金属杆推倒出发点，抽去第一个管子，装上第二个管子，重新摇起摇手来。说也奇怪，从这机器里发出一个极低但十分准确的声音，这声音就是刚才爱迪生哼的"玛莉与羊羔"的诗句啊。"[2]这个小罐子录音筒的发明让爱迪生成为"留声机之父"。其后爱迪生还对筒式留声机进行了改良，使录音技术更加成熟，操作也更为简单。

1887年，德裔美国人埃米尔·伯林纳推出了第一部放置平面唱片的留声机。这种留声机又被称为唱盘机，在使用时只需要给留声机上足发条，再将唱针放在唱片上即可播放出流畅的音乐。后来这种留声机很快风靡世界。

1889年，在爱迪生改良留声机的同年，上海的丰泰洋行就引进了蜡筒留声机。随后留声机逐渐在我国近代富裕家庭中出现，老舍在《我之留声机话》中写道："我六七岁时候，距今已二十三四年了，那时家里买来一具，是用蜡筒发音的。这筒儿不过五寸长，口径不过二寸光景，比纸烟罐稍长、稍细。

---

[1] 参阅聂莺：《留声机与清末民初的社会生活》，山东大学2015年博士学位论文。
[2] （美）乔治·布莱恩著，钱临照译：《爱迪生》，上海大东书局1933年，第81～82页。

每逢开起戏来，我听了非常得意。"相对于老舍家中的蜡筒留声机而言，宫廷中所用的留声机则是唱盘机。美国人何德兰在其著作中记载："一天几位官员来汇文书院找我们，交谈中他们说道：'皇上听说洋人发明了一种话匣子，是否有这回事？''不错'，我们答道：'学校的物理实验室里就有一架，你们可以看看。'我们有一架老式的脚踏式爱迪生留声机，看上去十分像缝纫机。我们带他们到实验室里，让其中一人对着留声机说话，然后用它把话复述出来。这些官员很高兴，没多长时间他们又来了，一定要把留声机买下来当作礼物送给皇上。这是邀宠和升官的捷径。"① 由此可见当时光绪皇帝对这种留声机还是很感兴趣的。

末代皇帝溥仪对西洋音乐也很感兴趣，因此购置了大量西洋乐器，其中就包括留声机。在溥杰的《清宫会亲见闻》中描述了逊清小朝廷时期宫中使用留声机的情况，"我们被带到殿中两侧屏风后面，叫太监给我们放唱片"。为配合留声机，宫廷购买了大量唱片供溥仪欣赏，这些唱片由百代、胜利等公司灌制，既有京戏、梆子戏，也有西方音乐和歌曲。京剧唱片收录了当时众多名家的作品，如谭鑫培的《捉放曹》《四郎探母》，梅兰芳的《木兰从军》《天女散花》，杨小楼、李连仲的《连环套》等。留声机的出现，不仅满足了宫廷日常欣赏戏剧表演的需求，也为后世留下了更多声音记忆。

---

① （美）何德兰著，晏方译：《慈禧与光绪：中国宫廷的生存游戏》，中华书局2004年版，第72页。

皇帝的小玩具

在故宫博物院现藏有两部逊清小朝廷时期宫廷所用的百代留声机。法国百代公司是最早在中国销售唱片的厂商。1908年，百代公司在上海成立"东方百代唱片公司"，1915年在上海成立唱片制造公司。这件百代留声机（右图）由机身和喇叭两部分组成，机身为正方形，在前面有开动按钮，右侧有上弦的摇把和转数控制器。金属制成的天蓝色喇叭，在唱针头圆盘上有英文：MAESTROPHONE REPRODUCER（出色的音乐复制），DUPLRX（双面光盘），GRAND PRIX MILAN 1906（1906年获米兰大奖）。底座上有"DISC ECHOPHONE"标识。

◀ 百代留声机

除了百代的唱片外，故宫博物院还收藏有一些胜利牌的唱片，其中包括时慧宝演唱的《三娘教子》和谭鑫培演唱的《秦琼卖马》。在《三娘教子》唱片的正面，有英文说明——"胜利唱片在中国录制，专利属于胜利公司"，还有中文"特请第一等真正名角时慧宝"的字样。当时唱片上带有专利标识和宣传广告，说明当时唱片公司都有明确的版权意识。[①]

3. 钢琴

除了八音盒和留声机之外，故宫博物院还藏有晚清宫廷

[①] 参阅张楠平：《清宫的百代留声机和胜利唱片》，载《紫禁城》2007年第11期。

的一些其他西洋乐器，诸如钢琴、管风琴等。我们以钢琴为例具体来看。据史料记载，早在1601年钢琴就已经传入中国，意大利传教士利玛窦觐见明朝万历皇帝时所进献的礼物包括"西琴一张"。关于利玛窦的"西琴"，当时的官员冯时曾这样描述："余至京，有外国道人利玛窦……道人又出番琴，其制异于中国，用铜铁丝为弦，不用指弹，只以小板案，其声更清越。"在清代《钦定续文献通考》中也有对这张琴详细的描述，"明万历二十八年，西洋人利玛窦来献其音乐。其琴纵三尺、横五尺，藏椟中弦七十二，以金银或炼铁为之。弦各有柱，端通于外，鼓其端而自应"。学者根据此文对"西琴"形状和发音原理的描述，认为这种琴是古钢琴中的击弦古钢琴。明崇祯十二年，意大利传教士毕方济曾向崇祯皇帝进献"西琴一张"。崇祯十三年，德国传教士汤若望将利玛窦所进之琴修复好，还用中文撰写了一本关于钢琴构造与演奏方法的《钢琴学》，这也是中国第一本专门的钢琴著作。

到清代，荷兰使臣曾经向顺治皇帝进献过一架古钢琴。到康熙时期，随着宫中传教士人数的增多，钢琴的数量也有所增加。据记载，康熙皇帝曾经命葡萄牙传教士徐日升在宫中弹奏古钢琴，并教授自己西方乐理和古钢琴。传教士费迪南·维比斯特曾在他的传记中记载："清朝康熙皇帝演奏起西洋乐器来十分娴熟，就像演奏中国乐器那样，清新流畅。"到乾隆时，清宫中的西洋乐器又进一步发展，配置有西洋乐队，

皇帝的小玩具

其中就包括古钢琴①。到了晚清，特别是逊清小朝廷时期，钢琴再次出现在宫廷。据溥佳在《清宫回忆》中记载："庄士敦（溥仪的外教）还把一些外国歌曲、音乐的唱片送给溥仪，溥仪十分欣赏。他一心学弹钢琴，叫人买了一架，可宫中无人会弹，庄士敦也只会弹一套送殡的曲子，于是溥杰后来便介绍了一位音乐教师，名叫关良，到宫内教授。每天下午，养心殿里总是琴声叮咚，可我们并没有学好。"②

故宫博物院现存有晚清时期进入宫廷的钢琴，据《故宫物品点查报告》记载，当时宫中有大小钢琴六架，包括养心殿一架、漱芳斋一架、永和宫一架、翊坤宫一架和太极殿两架。1989年在故宫博物院举办的"末代皇帝宫内生活展览"中就展出了一架钢琴，其长182厘米，宽157厘米，高100.3厘米，是溥仪曾经用过的钢琴之一。

除了钢琴外，清宫还有管风琴等其他的西洋乐器。据档案记载，"乾隆六年，西洋人张纯一、席澄源进西洋风琴一架"。目前故宫博物院还藏有风琴数架，我们以故宫博物院所藏的一件大型的管风琴为例

▲ 管风琴

---

① 关于钢琴的传入历史，参阅李浪：《从宫廷到学堂：明清时期钢琴在中国的发展》，载《艺术教育》2013年第5期。
② 溥佳：《清宫回忆》，载《晚清宫廷生活见闻》，文史资料出版社1982年，第32页。

来看，这件摇琴长为150厘米，宽70厘米，高230厘米，是20世纪初由法国巴黎的"LIMONAIRE FRERS"公司生产的，风箱上面有木哨、金属管哨和喇叭，经过摇动摇柄，产生的气流带动喇叭等发出音乐声，可演奏九首不同的曲目。这些西洋的乐器为晚清的宫廷生活增添了许多乐趣，成为帝王及后宫妃嫔们打发时光的玩具之一。

第三节　方寸之间行交通——电车、火车、轮船和飞机模型

鸦片战争之后，我国东南沿海的许多城市逐渐成为通商口岸，商贸活动日渐增多，人口流动量增大，对交通工具的要求也逐步提高。随着近代西式交通工具的传入，汽车、火车、轮船乃至飞机等新式交通工具逐渐成为大城市生活的重要组成部分。这些新式交通工具不仅使人们的出行变得更为方便快捷，也使国人对近代科技和先进制造业更趋认同，推动了洋务运动等一系列近代化运动的开展。与西式交通工具同时传入我国的还有各类交通工具的模型或玩具，包括电车、火车、轮船和飞机等。这些模型结构复杂，造型逼真，对于儿童认知这些科技产品大有裨益。清末至民国初年，这些模型玩具也进入宫廷，成为宫廷玩具序列中的重要组成部分。在故宫博物院所藏的文物中，就存有一些这类模型。

1. 电车

随着近代城市的发展，诸如有轨电车等新式的交通工具也从西方进入中国。1856年，在美国旧金山出现了马拉的有轨交通工具，1882年西门子公司研制成功了世界上第一辆有轨电车。其后，有轨电车在世界各地得到迅速发展，成为近代城市发展的象征之一。曾游历欧美多国的薛福成在1889年考察欧洲时见到有轨电车，他这样描述："泰西各国，近于火车铁路之外，创行电车……火车笨重，车之大小多少，不能随时增减。电器则可相机损益。况火车之煤烟尘土，尤觉可恶，以电行车，则清洁无比。"徐珂在《清稗类钞》中对有轨电车也有记载："特设发电所，用蒸汽力转动发电机以生电流，由架空电线及车顶铁杆传达车底之电动机……调节电力，可使车随宜以缓急进退。"[①]有轨电车在20世纪初年传入中国，迅速受到沿海城市的欢迎，在上海、天津等地开始通行电车。这种新式的交通工具改变了人们出行的传统方式，加快了城市近代化的进程，开设电车一度成为许多城市市民的心理期许。张耀祥在《京师纪念日之"民意测验"》问答中，有这样的题目"北京地方上急当设立的是什么"，答案以电车为最多。1921年，北京电车公司成立。电车的设立不仅方便了北京市民的生活，同时也对紫禁城内的逊清小朝廷产生了一定影响。

电车模型是仿照电车的构造制作的玩具，这种新式的玩

---

① （民国）徐珂：《清稗类钞》，中华书局1986年版，第13册，第6108页。

▲ 洋铁二节电车模型

具随着近代电车的普及而大行其道。在故宫博物院所藏的玩具文物中就有逊清小朝廷时期的电车玩具，其中一件洋铁制的电车，长39.5厘米，宽6厘米，高11厘米。车型为客车，带有前后两门，内有夹层木座，周圈窗户。附带有两段铁轨，中间的插口可以连接。这电车模型与当时街道上的电车在构造上是一样的，因而这种玩具对孩童认识当时先进的交通工具很有帮助。

2. 火车

1803年，英国发明家特里维西克制造出了世界上第一辆铁路蒸汽机车，1814年，史蒂芬森在特里维西克发明的基础上改造出了具有实用价值的煤矿蒸汽机车，从此火车成为陆地上最快捷、方便的交通工具而被广泛应用。鸦片战争之后，以火车为代表的大量西方交通工具开始进入中国。光绪二年（1876），英国人在上海到吴淞口之间修建了中国境内的第一

▶ 小火车模型

此模型是完全模仿当时的火车制作的，包括车轮、蒸汽机、车灯、控制室和铁轨等，非常逼真。转动发条后，车头还可以在铁轨上运行一段距离。

条铁路——吴淞铁路。该铁路全长30华里,成为上海往返吴淞口的最便捷的交通工具。此后,铁路在中国迅速发展,特别是随着洋务运动的开展,以李鸿章、左宗棠为代表的洋务派主张大修铁路,然朝廷内部修路之争一直不断。为使慈禧太后支持铁路建设,李鸿章建议在中南海一带建造一条小铁路,让慈禧太后体验一下坐火车的感觉。光绪十二年(1886),西苑铁路动工,这是继上海的吴淞铁路、北京的宣外铁路和唐胥铁路之后的第四条铁路,李鸿章挪用海军军费亲自督办,最终于光绪十四年(1888)完工。从第一历史档案馆现存的《北京中南海铺修铁路图样》《北京北海至中海铺修铁路图样》等材料来看,西苑铁路全长约3华里,南起中南海紫光阁旁边的仪鸾殿瀛秀园门外,向北经中海北门(福华门),穿入北海的西南门(阳泽门),再沿北海西岸向北至极乐世界,再折向东,终点在镜清斋。因西苑铁路贯穿三海的交通要道,如果按照常规铺设则不利于车马通行,因此设计者采取了"活按铁路"的办法,即当小火车要通行时,及时组装安装,不用时可以拆掉放置一边。

  西苑铁路建成后,李鸿章从法国的新盛公司购买了一台机车和六辆客车。在当时户部尚书翁同龢的日记中详细记载了这批小火车的情况,"合肥以六火轮车进呈,今日呈皇太后御览。今紫光阁铁路已成,未知可试否"。这种小火车机车身长近一丈,客车身长三四丈,体身狭长,每辆客车两排可乘坐

28人①。据说,慈禧太后惧怕机车汽笛的轰鸣声,又轻信汽笛的声音会破坏皇城的气脉。所以,每天午餐行车的时候,她不许用机车牵引,竟改用太监在客车上拴上绒绳,拉着前进。西苑铁路后被拆除,当年御用的小火车还在,据说在20世纪五六十年代建设十三陵水库、怀柔水库和密云水库的时候被政府拉到工地上运送土石料,当时的新闻报道因此还有"慈禧太后的小火车,开始为社会主义建设服务了"的说法②。

火车模型是伴随着火车的发明而出现的,很早就成为孩子们喜闻乐见的玩具之一。在晚清张德彝编撰的《欧美环游记》中记载英国伦敦出售的玩具火车:"本港卖有火轮车式。车长7寸,宽3寸,高5寸,质系黄铜,烟筒、轮机、水管、煤槽各器皆备,与大车无异。另一木圈,周约丈许,上按铁辙如环行。欲演其车,即燃酒以代煤,令水沸激,轮自能驰绕木圈之上。"③此文说明这种仿真车还可以行动。在清代宫廷中也很早就出现了这类火车造型的玩具。在故宫博物院所藏的玩

---

① 何德兰在描述光绪皇帝对火车的爱好时,有这样的描述"接着皇帝又听说外国人发明了一种'火轮车',但他是否听到过他们曾在上海附近的吴淞造了一条小铁道,结果被中国人买下来拆了丢进河里,我们就不得而知了。许多官吏和老百姓做的事从来没有传进过皇帝的耳朵里。可是不管怎么样,光绪听说了铁路和火开的车后就想要,而且直到沿着紫禁城的荷花池畔建成了一条窄轨铁道才算满意。欧洲的工厂造了两节小车厢和一节机车,这么一来他就可以带领宫廷女官们乘坐着不同寻常的旋转木马一游了"。从记载看,何德兰得到的信息更多的是听闻,但说明当时宫廷使用小火车确有其事。见(美)何德兰著,晏方译:《慈禧与光绪:中国宫廷的生存游戏》,中华书局2004年版,第73页。
② 参阅刘源:《御苑里的小火车》,载《紫禁城》,2005年第11期,总第133期。
③ 张德彝:《欧美环游记》,湖南人民出版社1982年版。

具序列中，就有火车模型玩具。这件火车模型，现在只有火车头和两节车轨存世。从火车头的造型来看，与当时的火车外形几乎一模一样，有蒸汽机的外形，烟筒、汽笛等一应俱全，车头的后不还有挂车厢的带钩。上足发条后，驱动杆会带车轮前进，轨道按照比例设计，火车直线行驶一段距离。

除此之外，还有一些附带钟表的机车模型。从构造上看，这类钟表的外在造型如出一辙，下面都配有大理石的底座，上面是机械模型，有火车、轮船等几类。故宫博物院所藏的机车钟表，外形完全模仿机车，但在车身上面有两块表和一件温度计，既可用于观察时间，又可观测室内的温度变化。

▶ 火车头钟表

工业革命后，欧洲特别是法国制作和大量以工业模型为题材的钟表，这件火车头模型钟表就是其中之一。模型下部为大理石基座，车头上有车轮、蒸汽机、控制室等，并在控制室和蒸汽机上分别安装时刻表和气压表，在蒸汽机烟筒上装有温度计表。

3. 轮船

1807年，美国人富尔顿发明了蒸汽船"克莱蒙特号"，标志着蒸汽动力船取代帆船时代的到来。轮船的发明加速了西方殖民者海外扩张的步伐，1830年英国麦金托士洋行的拖船"福士号"驶入广州湾，这艘船装有两台布尔顿·瓦特公司的60马力蒸汽机和一台铜质锅炉，这是中国领海内出现的第一艘轮船。

第一次鸦片战争时,英军舰队中已经装备了部分轮船,这些轮船与中国传统的帆船、沙船等水上交通工具相比,体积更大,航速更快。到19世纪50年代,西方列强的军队中已经基本上装备蒸汽动力的军舰,并制造出了铁甲舰,成为海军军事和贸易活动的主要工具。鸦片战争的失败对国人的刺激很大,一些有志之士开始认识到轮船的优越性。魏源在《海国图志》中写道:"于是以火蒸水,包之以长铁管,括柄上下,张缩其机,借炎热郁蒸之气,递相鼓激,施之以轮,以使自转。即验此理,递造火轮舟,舟中置器,以火沸水,蒸入长铁管,系轮速转,一点钟即可行三十余里,翻涛喷雪,溯流破浪,其速如飞。"[1]魏源较为详细地描述了轮船的工作原理和优越性。到洋务运动时期,洋务派大量购买和制造近代蒸汽轮船,并组建了北洋、南洋和福建水师,初步构建了近代中国海军的雏形。

晚清宫廷也有汽艇存在,据何德兰记载:"有人告诉他(光绪皇帝)外国人还有'火轮船'。当然他又要的。我越过横跨荷花池的美丽的白石桥时,就看见附近停泊着三艘小汽艇。显然用过很久了。我在颐和园的湖中见过与此相似的汽艇。有人告诉我光绪皇帝未成年时,遇到放假的日子,常让人把这些汽艇拴在龙舟上,带了宫女、女官们在夏天傍晚的阴凉中去湖上游览,就像慈禧太后招待我外国客人一样。"[2]

---

[1] 转引自席龙飞、杨熺、唐锡仁编著:《中国科学技术史·交通卷》,科学出版社2003年,第246页。

[2] (美)何德兰著,晏方译:《慈禧与光绪:中国宫廷的生存游戏》中华书局2004年版,第73~74页。

西式轮船模型也随着晚清的各类时尚玩具传入宫廷。在故宫博物院就有清末进入宫廷的军舰模型,这件模型是以晚清出现的铁甲舰为模本制作的。军舰周身用铁皮制作,现在已是锈迹斑斑。船头附铁锁、船锚,舰上有前后炮各一,两侧侧炮

▲ 洋铁战舰模型

多架。军舰是以蒸汽为动力的,模型上有4个蒸汽机筒,并带有两架桅杆,可以装风帆配合军舰前行。在近代中国遭受西方列强"船坚炮利"欺辱的背景下,这种军舰模型对于孩童认识当时世界先进的军事装备,引导少年儿童学习先进的军事技术更具有现实的意义。

4. 飞机

随着近代科学技术的发展,人们对征服天空的向往更加迫切,特别是随着内燃机等动力装置的出现,人们开展了飞艇的研究。这种能飞的气球伴随着汽油发动机的问世而得以迅速发展,1903年,法国的勒博迪兄弟制造出了世界上第一艘真正实用的飞艇,这艘飞艇曾一次飞行61千米。同年,美国的莱特兄弟成功地进行了人类有史以来首次有动力、可操纵持续飞行的实验,在实验中飞机飞行了260余米,成为人类真正制造飞机的开始。1905年,莱特兄弟又制造出了可以飞行

半个多小时的飞机[1]。此后飞机工业迅速发展，飞机也逐渐成为现代交通工具中最重要的一类。

飞机在发明后不久就传到了中国。1909年，冯如在美国制造飞机成功，并将自己制造的飞机带到国内进行表演，从而带动了国内一些有识之士对飞机的认识。但由于当时中国的工业基础薄弱，制造飞机的条件很不成熟，因此国人对飞机的认识很大程度上来自于市面上出售的飞机模型。这种模型也进入了宫廷，成为当时逊清小朝廷时期皇帝及其玩伴们的玩具。

现在故宫博物院还藏有逊清小朝廷时期的一架飞机模型。这架飞机模型为铁制，长43厘米，宽40厘米，高23厘米，以早期飞机为原型设计。机头前面有一天鹅标识，标明飞机前进的方向。其上前方有一水平舵，用于掌握前进方向。中间为驾驶舱，舱内有座位和操纵转盘，这是模仿真实飞机而设计的。两侧为铁架式的两排平行机翼，上附有薄塑料。在驾驶舱顶部有转轮装置，拧紧转轮发条后可操纵底部的两个大轮前进。这架飞机模型虽然不能飞，但可在地面滑行一段距离。

▲ 洋铁小飞机模型

---

[1] 参阅王建明：《留学生与近代中国军事航空研究》，南开大学2012年博士学位论文。

第十章 晚清宫廷里的西方科技产品

清末,随着国门被打开,大量西方科技产品进入中国,特别是在一些开放口岸更为流行。这些西方的时尚用品通过民间也逐步走向宫廷,呈现出一种自下而上的传播模式。在清末及逊清小朝廷时期,紫禁城内已经输入了多种西式物品,成为宫廷生活中重要的组成部分,正如翁同龢所说"火轮驰骛于昆湖,铁轨纵横于西苑,电灯照耀于禁林"。宣统三年之后,溥仪在紫禁城开始了逊帝皇室的生活,他通过不同渠道将当时西方先进的"高科技"生活产品引入宫廷,这些产品包括电话、缝纫机、幻灯机、电影机、自行车等,这些近代科技的产品不仅为宫廷生活提供了便利,也被当作玩具使用。正如《少年溥仪》描述"(端康太后)将留声机、望远镜和幻灯机、地球仪等放在一起,当作她的玩具"。这些新奇的玩具成为晚清宫廷及逊清小朝廷时期宫廷生活乐趣的重要来源。

第一节　万里语言同面晤——电话

晚清文人钱翔甫在他的《竹枝词·望江南》中这样描述电话"申江好，电线接雷霆。万里语言同面晤，重洋息信霎时听，机括竟无形"。当清朝第一任英国公使郭嵩焘在光绪三年到英国时，正值电话问世之时。同年九月，郭嵩焘受伦敦电器厂厂主毕谛的邀请，参观其厂内刚刚安装的电话，在郭的日记中记载对方告知电话原理"人声送入盘中，则铁饼自动，声微则一秒动至二百，声愈重则动愈速，极之至一千，铁膜动，与耳中之膜遥相应，自然发声"。郭嵩焘记载的这部"其理吾终不能明也"的"声报机器"成为中国人所见第一部电话。

电话由英国人贝尔于1876年在美国试验成功，并迅速在世界各地传播开来。电话最初在中国被称为"德律风"，也就是英文"telephone"的音译。薛福成在《出使日记续刻》中记载"电报之法奇矣，德律风则奇之又奇。此器成于光绪三年，由美国人倍尔者，用电气收入人声，由线通彼处之电气，复发为人声。先是光绪二年，美国赛百年大会，倍尔制德律风，已粗具规模，陈之会中，任人聚观，试验之，灵便异常"[①]。这则电话史话是在电话发明15年之后的记述。其实，早在1879年电话便传入中国，两个外国人在上海的十六铺架设了两部电话，供游客通话，每次收费三十文。不过当时人们把电话

---

① (清)薛福成：《出使日记续刻》，湖南人民出版社1980年版。

当成一种娱乐性的玩具,并没有真正意识到它的实用价值。1881年丹麦的大北电报公司在上海公共租界内安设25部电话。次年又在外滩设立电话局。时人黄世权在《淞南梦影录》中记载"其法沿途树立木杆,上系铅线两条,与电报无异。惟其中机括,则迥不相同,传递之法,不用字母拼装,只需向线端传语,无异一室晤言。据云十二点钟内,可传遍地球五大洲。盖藉电通流,故能迅速若此也"。但当时人对电话尚不了解,还认为电话是由"欧人名德律风者"发明的,故薛福成在其日记中特别指出电话的发明者是倍尔(贝尔)。与电话相似的电报在光绪时期就已经进入宫廷,据何德兰回忆:"当光绪是个少年时,听说这个仅在孩提时代见过的巨大神奇的世界上,竟有种以雷电的速度向远距离城市和省份传递消息的方法。几个世纪以来,他和他的祖先都是用信使和驿马传递他们的诏书和邸报——世界上最古老的报纸,而将它们一刹那就发送出去,这种可能性使他怦然心动。他是个喜爱实干的人。我们以后会看到,他做事总想越快越好。于是他下令替他搞套收发电报的设备,又拿去像玩他那些极巧妙的玩具一样'玩'了。就这样没多久,朝廷就在全国用上了电报。"[1] 虽然电报的普及并非光绪皇帝个人的功劳,但光绪皇帝"玩"电报确实推动了电报在中国的传播,这种自上而下的影响力是非常大的。

虽然电话传入中国的时间很早,但主要是在沿海的开关

---

[1] (美)何德兰,晏方译:《慈禧与光绪:中国宫廷的生存游戏》,中华书局2004年版,第72页。

口岸，内陆地区很少能接触到，这种情况使得当时一些热心于洋务的大臣感觉到了信息不畅的不便。督办电政大臣盛宣怀于1899年11月上书奏请开办电话业务。在奏折中先强调了电话的实用价值"德律风创自欧美……入手而得用，著耳而得声。坐一室而可对百朋，隔颜色而可亲馨，乃亘古未有之便益"。面对外国公司垄断中国电信行业的局面，盛指出"自英人设于上海租界，近年各处通商口岸，洋人纷纷谋设……一经应允，为患甚巨，一纵而不可收拾"。但当时的清政府因为财政资金匮乏，并未采纳盛宣怀的建议，只是在北京、天津架设了一些电话，但远远达不到当时的需求。1910年，北京电话总局就指出，用户量太大、机器过于陈旧成为电话难以接通的主要原因。

虽然电话数量远远达不到用户的需要，但毕竟慢慢地走进了家庭。而在深宫内的皇帝却不能享受到"入手而得用，著耳而得声"的便益。电话进入到紫禁城时已经是1922年的事情了。溥仪在《我的前半生》中写道："我十五岁那年，有一次听庄士敦教讲起电话的作用，动了我的好奇心，后来听溥杰说北府里也有了这个玩艺儿，我就教内务府给我在养心殿里也装了一个。"① 虽然溥仪受到了来自遗老们的强大阻力，但电话还是进了宫。此后溥仪又在别的殿里安装了电话。对于从小就在与世隔绝的深宫内长大的溥仪来讲，电话无疑为他打开了一扇与外界交流的窗口，他同京剧演员杨小楼等人在

---

① 爱新觉罗·溥仪：《我的前半生》，群众出版社2006年版。

电话里相互开玩笑的故事被广为传播。

现在故宫博物院存有一部溥仪在宫中安装的电话,原装在西路的崇敬殿西配房,由日本电气株式会社于1906年制造。此电话通长70厘米,宽35厘米,高25厘米,话筒长15厘米。整体机身为黄色硬木质,前半部分为电话主机,附有一个听筒、一个话筒、一个手摇柄、两个响铃以及四个接线钮;电话的后半部分是一个木质的电池箱,里面盛放着带动电话工作的电池。这部电话颜色厚重大气、木质坚固、造型别致,机身与电池箱的比例协调,将皇家的深沉底蕴与灵活的实用性很好地结合在一起,成为当时电话机中的典范。

▲ 电话

第二节 运针巧妙捷罕伦——缝纫机

20世纪初期胜家公司有一则很流行的广告:"在文明社会的第一条道路上,缝纫机这个不知疲倦的伙伴,向全球的姐妹们伸出了援助之手。不管是德国那强健婀娜的主妇,还是日本那纤细文静的少女,不管是黄头发的俄罗斯村姑,还是黑眼睛的墨西哥女孩,都懂得缝纫机那欢乐的歌唱;无论是冰封雪飘的加拿大,还是宽阔无垠的巴拉圭大草原,他的歌声不须翻译就能明白;印度大娘和芝加哥女郎缝出来的是一样的针脚；白皮肤的爱尔兰淑女和黄皮肤的中国娇娘所踩的都是一样的踏板。"在这段广告词中，提到了德国、日本、俄罗斯、墨西哥、加拿大、巴拉圭、印度、爱尔兰、中国和美国，这说明当时缝纫机已出现在全球众多国家，并成为人们生活中的重要工具之一。

缝纫机是法国一名叫坦莫尼尔的裁缝于1830年发明的，第一台缝纫机是用木头制作成的，相当地笨重。虽然缝纫机在英法都取得了专利权，但由于其本身的缺憾，直到坦莫尼尔去世，他的发明都没有走向市场。两年后，美国人伊拉亚斯·豪和艾伦·威尔逊设计出了更加完善实用的缝纫机。此后不久，艾萨克·胜家在波士顿的工厂内造出了比豪所造缝纫机功能更加完美的机器，并于1851年创立了胜家公司。当豪返回美国之际，他发现一些制造商，包括艾萨克·胜家已经开始生产和销售与他的发明类似的缝纫机了，于是一场从1849~1854年长达5年的维权诉讼开始了，而豪最终捍卫了自己的专利权，法院判决胜家的机针和双线连锁缝纫法侵犯了豪的专利权，最后判决胜家以每台25美元的代价付给伊拉亚斯·豪专利费。1865年，豪在康涅狄格建立了Bridgeport Howe机械公司，其产品在1867年的巴黎展会上赢得金奖。但胜家公司却很快成为世界缝纫机行业的垄断者，胜家几乎成为这个行业的代名词。

缝纫机何时传入中国目前尚没有确切的结论，现在能见到的最早的史料来自王韬的《瀛壖杂志》。王韬在咸丰十年正

月记述了其在美国传教士家看到缝纫机的情形"家有西国缝纫奇器一具,运针之妙,巧捷罕伦。上有铜盘,一衔双翅,针下置铁轮,以足蹴木板,轮自旋转,手持绢盈尺,细针密缕,顷刻而成"。由此可推断缝纫机至少在咸丰末年就已经进入中国。同治年间"(上海)近日此器盛行,缝人每购一具,可抵女红十人"。《江西农工商记略》中记载光绪末年"(江西新建县)有美商胜家机器,来江销售,能以机器缝制衣服、鞋袜等"。由此可见,清朝末年缝纫机已经在全国许多地方普遍存在了。

虽然缝纫机在全国已经很普遍,但清朝皇宫却一直将其拒之门外。究其原因主要在于皇家本身有专门制作衣服的定点店铺,自己不用动手;宫女制作的衣物多为刺绣等小手工艺品,没有大批量生产的需求。这种局面直到清朝灭亡后才得以改变,但进入皇宫的缝纫机数量极少,现在故宫博物院存有一台胜家手摇式缝纫机。这台缝纫机机体通高30厘米,宽50厘米,主体机身宽26厘米,正面印有清晰的SINGER商标,用线绕成一个大"S"形字母和线轴,上方是"THE SINGER MANFG CO(胜家有限公司)"字样。主体为木质结构,与脚踏缝纫机相比,其动力来自转轮上的摇柄,通过转动摇柄带动转轮进行缝纫。机身样式秉承了胜家缝纫机的风格,整个机器美观实用,线轴与转轮的距离适中,非常适于制作小型手工艺品。除了机身外,还配套附有一个黄色的木质盖子,与机身相得益彰,整个缝纫机可谓皇家气质与胜家的实用特质完美结合的典范。

第三节 光影分明映灯照——幻灯机

幻灯是从影戏发展而来的。在中国古代，人们很早就会利用小孔成像原理来操作影戏，《韩非子》记载：周君请一个人为他作画，三年后画画好了，看的时候，需要筑一高墙，墙上开小孔，然后插入"筴"（相当于幻灯片），在有阳光的时候才能观看，"尽成龙蛇禽兽车马，万物之状具备"。宋人高承《事物纪原》记载："汉武帝李夫人之亡，齐人少翁夜为方帷，张灯烛，使帝他坐，自帷中望之，仿佛夫人像也，盖不得亲视之，由是世间有影戏。"这里所谓的招魂不过是利用了李夫人的画像经过小孔成像而已。真正意义上的幻灯出现于17世纪，1650年，德国的基夏尔神父在《光和影的伟大艺术》一书中首次记述了幻灯机。最初幻灯机的外壳是用铁皮敲成一个方箱，顶部有一类似于烟筒的排气筒，正前方装有一个圆筒，圆筒中用一块可滑动的凸透镜，形成一个简单的镜头，镜头和铁皮箱之间有一块可调节焦距的面板，箱内装有光源，最初的光源是烛光。使用时，把幻灯机置于一个黑房内，将幻灯片插入凸透镜后面的槽中，点燃蜡烛，光源通过反光镜反射汇聚，通过透明画片和镜头，形成一根光柱映在墙幕上。张德彝《欧美环游记》中记载"（纽约）有做奇巧灯者来，如将蜘蛛脚粘于玻璃之上，映灯一照者，则长逾三丈，骨节百余。文虫睛大如轮，六角形花纹甚均……总之，微小之物，映灯而照，皆极大而明晰"①。这说明当时西方的幻灯技术已经达到很高的水平。

幻灯通过传教士之手传到了我国，在清末逐渐流传到民间，当时学者顾铁卿记载了当时流传于民间的影戏灯的情况，"其法皆传自西洋欧逻巴诸国，今虎邱人皆能为之。灯影之戏，则用高方纸木匣，腹贮油灯，燃炷七八茎。其火焰适对正面之孔。其孔与匣突出寸许，作六角式，须用摄光镜重叠为之，乃通灵耳，中嵌玻璃，反绘戏文……将影摄入粉壁，匣愈远而光愈大，惟室中尽灭灯光，其影始得分明也"。幻灯传入宫廷的具体时间尚不得而知，但王韬在《漫游随录》中记载他在同治六年的时候于巴黎看到过幻灯放映，光绪二年葛元熙《沪游杂记》中也有《外国影戏》的记载，由此我们可以推测幻灯可能在光绪年间传入中国。

作为近代化的娱乐工具，幻灯在清宫一度非常受欢迎，故宫博物院现在保存的幻灯基本上是国产的，由上海棋盘街商务印书馆有限公司制造所制造，幻灯传入宫中的具体时间并没有明确的记载。《清稗类钞》记载"光绪末，端忠愍公方出洋调查归，携有活动电影机器一具，闻将以进呈内廷者。先试演于私第，因光焰配合失当，轰然炸裂，毙多人，忠愍以送客得免，进呈之议遂息"②。而在《少年溥仪》中有"（端康太后）将留声机、望远镜和幻灯机、地球仪等放在一起，当作她的玩具"的描述，且记载当时庄士敦已通过幻灯等近代的教具向溥

---

① 张德彝：《欧美环游记》，湖南人民出版社1982年版。
② （民国）徐珂：《清稗类钞》，中华书局1984年版。

仪灌输西方文化、各国政体国情、世界各地风光等知识，这时的溥仪的年龄为12岁左右。而商务印书馆从1914年开始制作幻灯片。从这些相关的材料分析，我们大体可以推测出幻灯片应该是在清王朝灭亡后不久传入宫廷的，时间应为1916年左右。传入清宫的幻灯机和幻灯片均为当时商务印书馆制作的精品，现仅以故宫博物院存有的一部幻灯机和几张幻灯片为例来分析。

这部幻灯机为溥仪时期清宫所用，通长42厘米，通高25厘米，主体为铁制，由机身和镜头两部分构成，其中机身含有放置灯片的片夹，放映时利用小孔成像的原理，光源通过镜片将幻灯片投到荧幕上。这部幻灯机结构制作精巧，整体美观大方，黄色金属镜头和枣红色机身主体相得益彰，凸现出皇家的深沉与大气。在幻灯机上刻有"上海棋盘街商务印书馆有限公司制造所"的商标字样。

▲ 幻灯机

故宫现存的幻灯片基本上是用照片做成的，主题以风景画和各种宣传资料为主，诸如"各省风景名胜""三孔遗迹""北京宫苑名胜""上海风景"和"各种运动"等。几乎所有的幻灯片是由上海商务印书馆制作的。

譬如低栏赛跑幻灯片。此幻灯片长10.2厘米，宽8.3厘米，片厚0.4厘米。幻灯片中央为一位运动员正在跨栏赛跑，

上有英文"Low Hurdles（低栏赛跑）"，是其宣传的运动名称；下方为制造商"上海商务印书馆制"的商标。此组幻灯片，几乎囊括了当时所有的运动项目，且基本上取材于各种运动会的照片，甚至包括当时奥运会的一些场景。此低栏赛跑幻灯片画面清晰，色彩明快，将运动员跨栏瞬间的优美动作淋漓尽致地表现了出来，让观众在欣赏时能够体验到运动的美感。

再如孔子手植桧幻灯片。此幻灯片长10.2厘米，宽8.3厘米，片厚0.4厘米。幻灯片主题是孔府内的一棵桧树，上面有英文"Tree（Arbor Victor）said to have been planted by Confucius. Tree destroy by fire latter part 15th century, stump surrounded by stone railing, standing one new growth."（此桧树是孔子所植，在15世纪曾被火损坏过，后人用石头将树围起以保护其生长）。在一张幻灯片上有这么长的文字，说明制作者是让观众在欣赏名胜古迹的同时，还可以获得一定的关于图片的知识，这是难能可贵的。此幻灯片下方同样有"上海商务印书馆制"的制造商标识。此类风景名胜幻灯片画面美观，色彩清新，给观众以良好的视觉享受，而且讲究图文并茂，富有知识性，具有一定的教育功能。

第四节　人生梦幻皆可观——电影机

1895年12月18日，法国的卢米埃尔兄弟在巴黎卡皮辛大街的咖啡馆首次放映电影成功，此后这种人类文化史上的"第八种艺术"便迅速在世界各地传播开来。次年（1896）8月，上海徐园又一村在《申报》刊登的一则广告——"初三夜仍设文虎侯教，西洋影戏、客串戏法，定造新机奇巧电光焰火"，成为电影漂洋过海来到中国的首次确切记载。当时人们称幻灯为"影戏"，而把电影称为"电光影戏"加以区别。《清稗类钞》有"活动影戏，为电光之作用，故曰电光影戏，亦称活动写真，为近年美人爱迭孙所发明"的记载。电影传到中国之后，迅速受到国人的青睐，人们纷纷前往放映电影的茶馆、戏园"览电光影戏，观者蚁聚"。

相较于中国传统的舞台艺术，电影在艺术效果和再现性等方面的优势无疑是很明显的。《清稗类钞》记载："（电影）其法于人物活动时，用照相镜顺序摄影，印于半透明之胶片中，片片相衔接，成为长条，用特制器械，以一定之速度易之，由幻灯中现出，令其影像前后连续，视之栩栩如生，画片愈多，举动之层次愈明。爱迭孙又以留声装置其中，使声音与动作相应，其精巧为益进。"这种几进精巧的艺术给国人带来了强烈的感官冲击，"观毕，因叹曰，天地之间，千变万化。如蜃楼海市，与过影何以异？人生真梦幻泡影耳，皆可作如是观"①。

由于电影的迅速传播带来了一定的社会问题，清政府曾颁布一系列规定加以限制，"开设电光影戏场必须报领执照，且男女必须分座，营业时间以夜间十二点钟为限"。这样一系

---

① 《观美国影戏记》，载光绪二十三年九月《游戏报》。

列规定不仅规范了电影院的营业秩序，也促进了电影业的良性发展，电影的放映也由街头、集市、茶馆、跑马场、溜冰场等热闹场所转入正规电影院。1907年，中国第一座电影院——平安电影公司在北京长安街建成，但它是由外商经营的。

20世纪以后，电影放映业逐渐从上海、北京两地发展到更多沿海及内地城市。除了在城市建立电影院外，电影也因为江湖商人的巡回放映，进而深入到小市镇和乡村。这个时期放映的影片大多是从国外引进而来的，其中又以法国百代公司的影片为主，当时的百代名片如《沙皇到达巴黎》（又译《俄国皇帝游历法京巴里府》）等都被引进到中国，受到中国观众的喜爱。1903年，中国留学生林祝三携带影片和放映机回国，租借北京前门打磨厂的天乐茶园放映电影，开始了中国人自己放映电影的历史。在大量引进影片的同时，国人也开始拍摄一些电影，最早进行尝试的是北京丰泰照相馆的主人任景丰。他于光绪三十一年（1905）拍摄的谭鑫培主演的《定军山》，成为国产电影的滥觞。

1902年1月，在北京前门打磨厂的"福寿堂"内，外国影商放映了《黑人吃西瓜》一类滑稽逗人的短片，这是电影传到北京的最早记载。电影不仅受到北京百姓的欢迎，许多王公大臣也颇感兴趣。《清稗类钞》载："光绪末，特简大员赴欧美考察政治，端忠愍公方自西洋调查归，携有活动电影器一具，闻将以进呈内廷者。先试演于私邸，因光焰配合失当，轰然炸裂，毙多人，忠愍公以送客得免，进呈之议遂息。"光绪三十年（1904），慈禧太后70寿辰，英国驻北京公使送了她一架放映机和几套影片祝寿，不料只映了三本，便发生了摩电器炸裂事故，炸伤了一些人，清宫从此不准再放映电影。但随着时间的推移，当宣统帝继位后，电影对少年皇帝来说无疑是很具诱惑力的；同时，由于清朝的覆灭，无聊的后妃们也希望通过看电影打发时光。因而，电影走入宫廷也成为必然的趋势，现在故宫博物院存有很多的电影胶片和一部木壳手摇电影机。

故宫所藏电影机是由法国制造的木壳手摇式电影机。通高27厘米，宽20厘米，机身厚度11厘米。主体为木质结构，枣红色机身，侧面有一小门，可开以便放置胶片。机身右侧附有一金属手柄，摇动手柄可以带动内部齿轮的转动，通过齿轮的转动带动胶片的连续播放，上置一玻璃镜头，通过光的照射将胶片上的内容反映在幕布上。机身上的铁牌标明了该机器的商标"KINORA CASIER（木壳手摇式电影机）"，并有"Brevete S·G·D·G lumiere（光学专利）"的专利认证标志；下面是生产厂家"Compagnie Frangaise（照明设备公司）"和产地"Paris（巴黎）"。整部机器构造简单别致，易于操作，整体外观美雅大方，精巧自然，为清宫近代西洋器具中的精品。

电影机所用的胶片也是由

▲ 木壳手摇电影机及其电影胶片

皇帝的小玩具

法国照明设备公司生产的，其材质为薄塑料片，通过摄影机将图像留印在胶片上。一组胶片用金属固定一端，放置进电影机箱，通过手柄的摇动带动胶片的连续翻动，通过光的照射产生图像。胶片制作精巧，其扇形结构有利于影片的连续播放，与电影机相得益彰。

▲ 木壳手摇电影机的电影胶片

电影机的发展代表着电影发展的轨迹，由于早期法国的百代和高蒙电影公司在世界电影界的统治地位，这推动了法国早期电影设备的生产，法国照明设备公司就成为早期生产摄影机和电影机主要公司。该厂技术先进，其生产的手摇式木壳电影机一度成为世界主要的电影放映设备，当时几乎大半的电影都是用该厂的机器拍摄的，如中国第一部电影《定军山》，所使用的就是法国制造的木壳手摇式摄影机。但随着第一次世界大战的爆发，世界电影的重心逐渐移向美国，而新式自动放映的电影机也迅速占领着市场，使得法国木壳手摇电影设备渐渐失去了市场。

电影见证着时代，将时代的声音、画面凝聚到小小的胶片之中。清宫的电影机就如同它播放的影片一样，带着厚重的历史从黑白无声的时代走到了缤纷绚丽的今天。

第五节 踏动其机疾奔马——自行车

同治五年(1866),63岁的清政府官员斌椿率领同文馆学生赴欧洲考察,在法国巴黎街头见到了一大一小两个轮子的自行车,大为诧异。回国后,他在《乘槎笔记》中对自行车这样记载:"只轮贯轴,两足酷跨轴端,踏动其机,驶行疾于奔马。"[1] 稍晚的张德彝在《欧美游记》中也记载了巴黎人骑车的场景,"见游人有骑自行车者,西名'威娄希北达',造以钢铁,前轮大,后轮小,上横一梁。大轮上放横舵,轴藏管间,人坐梁上,两手扶舵,足踏轴端,机动驰行,疾于奔马。梁尾放有小箱以盛行李者也。出租此车,每一点钟用法方又名'福郎(即法郎)'者若干,另有铁房,为演习乘车之所"[2]。从这两段记载来看,当时欧洲的自行车还是前轮大、后轮小的结构,主要是以前轮来驱动,类似于现在的独轮车。此外,巴黎街头有租车和教车的机构,说明当时自行车在欧洲也是刚刚兴起。

在1868年11月24日出版的《上海新报》中记载"兹见上海地方有自行车几辆",这是自行车传入中国最早的史料证据。很快,"自行车上海已多,或双轮或三轮,不用骡马,人坐踏

---

[1] (清)斌椿:《乘槎笔记》,湖南人民出版社1981年版,第18～19页。
[2] (清)张德彝:《稿本航海述奇汇编》,北京图书馆出版社1997年,第一册,第643页。

足于版（板），其版（板）动而轮转，即其车自行"①。可见当时自行车已有双轮和三轮两种，在上海街头已经较为常见。在光绪二年刊印的《沪游杂记》中就有关于妇女骑自行车感受的记载，"前后勾连两铁轮，不须手挽踏芳尘。辘轳捷足趋当道，一蹶还防笑有人"。到光绪十一年（1885），英国的怡和洋行、德国的禅臣洋行等已经将自行车及零部件列入"五金杂货类"输入上海。这说明此时自行车在上海已经有非常广泛的销售市场。

在晚清时期的北京街头，自行车数量也是与日俱增，家境富裕者无不以购买自行车为时髦。据何德兰描述，光绪皇帝也曾骑过自行车，"有一天，这个太监看见我妻子停在廊上的自行车，说道：'这是种什么车？''这是一种能自己动的车。'我答道。'您怎么乘坐呢？'他问道。我把自行车从廊上推下来，在院子里兜了一两圈。他在旁边目瞪口呆地看着，等我停下来时突口而出道：'这真奇了。它怎么不倒下来呢？''一件东西在动时，它是不会倒的。'我答道，'这也不只是说自行车。'第二天，他来时说道：'皇上想要那辆自行车。'我妻子同意了，让他把车带给光绪。这之后没多久，就传出消息说皇上曾试着骑过那辆自行车，他的辫子夹在后轮子里了，重重地摔了一跤，然后他放弃了——就像其他许多中

---

① 《中国教会新报》载《自行车气行车》，1870年第92期，第11页。

国人一样"①。身处紫禁城内的末代皇帝溥仪也曾很喜欢自行车。1922年，溥仪大婚时，其堂兄溥佳就送给他一辆自行车作为贺礼。溥仪很快就掌握了自行车驾驶技术，并让内务府采购当时市面上的各国名牌的自行车，如英国的三枪牌、美人牌、帽牌，德国的蓝牌，法国的雁牌等不同型号的自行车20多辆。溥仪为骑自行车方便，还将许多宫门的门槛锯掉，并将御花园内的绛雪轩改造为自行车储藏间。随着时间的推移，当年的自行车大多不见踪迹，唯有一辆英国产的三枪牌自行车依然存放于故宫博物院的库房内。在晚清的老照片中，有一张婉容扶车的照片，从照片来判断，与婉容合照的那辆自行车应该就是目前故宫博物院收藏的这辆车。

这辆自行车是溥仪和婉容曾经骑过的一辆女式自行车。该自行车全长187厘米，高113厘米，车身为黑色，车把装有铃铛，车座上附有牛皮的坐垫，车座后挂着一只牛皮工具袋。车把下端正面是商标，在一个椭圆形圈内，三支步枪组合成一个正三角形。在车身各处的零件均有商标，

▲ 女士自行车

如牛皮坐垫上有"BROOKS PATENT PATENTED IN U.S.A（美国布鲁克斯生产专利）"、"TRADE MARK LADYS B75（商品

---

① （美）何德兰著，晏方译：《慈禧与光绪：中国宫廷的生存游戏》，中华书局2004年版，第79~80页。

型号为 B75 的女式车）、SADDLE J.B.BROOKS&CO.LTD（布鲁克斯车座有限公司）"。商标的英文有"B.S.A.CYCLES LTI（BSA 自行车公司）"、"BIRMINGHAM TRADE（伯明翰业主贸易）"。车胎上的英文有"THE DUNLOP-TYRE-DUNLOP（邓禄普环形轮胎）"。从上述的英文标识来看，这辆自行车集合了当时众多优秀企业的配件产品于一身，应该是实行专业化生产的产品。

后　记

在《皇帝的小玩具——清代宫廷的娱乐文化》即将付梓之际，颇多感慨，写几句话，以纪念这本小书的诞生过程。

我于2006年从中国人民大学清史研究所毕业，进入故宫博物院从事宫廷生活文物的保管、陈列和研究工作，距今已经近13年了。求学之时，我即对清代生活史很感兴趣，机缘巧合，有幸进入宫廷部生活文物组从事专门的研究工作，可谓天遂人愿。记得刚入职之时，正赶上故宫博物院有史以来最大规模的七年文物整理工作，我参加了后四年的文物整理，每天与文物打交道的过程是我最好的学习机会，这些外界难以见到的珍贵文物从我手边一件件经过，就像历史的流水流过掌心，浸润着自己，慢慢地进入文物研究的领域。

宫廷玩具的研究一直以来受到关注较少，研究成果也很有限。早些年，我在整理玩具文物的过程中，随手写过几篇相关的介绍性文章投到一些杂志，结果反响出人意料的好。于是陆续有杂志约我写一些关于宫廷玩具的稿子，就这样在十余年的时间里，零零散散地写了二十几篇小文章，每篇文章都是专注于一类玩具或一件玩具。文章既介绍相关的玩具文物情况，也有对相关历史和文化的探讨。时间久了，这些小文章就逐渐形成系统，我也有将其成书的想法，但天性怠懒却又追求完美，因此一直未成。2017年，我应中国科学院大学汪前进教授之邀，前往科学院大学做关于宫廷玩具的讲座。这个讲座受到一些学者的关注，许苏葵女士专程来宫里与我探讨是否可以写一本关于宫廷玩具的著作，许老师诚恳之邀令我难以回绝。因此硬着头皮接了下来，在一年多的时间里，我全力投入到这本书的写作之中，重新整理了关于宫廷玩具的各类文献材料，按照类别进行系统介绍，并对相关的文物再次梳理。到2018年年底，这本小书的初稿终于问世。这本小书能在一年的时间内完成，既得益于之前十余年的积累，也有惶恐辜负许老师殷切期许，自我鞭策之功。

因为宫廷玩具的历史的传承性和差异性与其他类文物相比还是有其独特之处，单一的文物研究无法真正的研究透彻。因此这本小书从故宫博物院所藏的玩具文物出发，结合相关的文献记载，介绍历史渊源，并结合文物进行论述，这也是我写玩具文物文章一贯的行文习惯。由于玩具本身繁杂多样，研究透彻颇为艰难，加之自身学力有限，因此在写作之时，并非面面俱到，而是拣选了一些有代表性的玩具进行论述，使读者能对清代宫廷的玩具有大致的认识。因文物研究的特殊性，我在这本小书中插入了100余张图片，希望可以使读者更好地对这些玩具有所认识。

国人一样"①。身处紫禁城内的末代皇帝溥仪也曾很喜欢自行车。1922年，溥仪大婚时，其堂兄溥佳就送给他一辆自行车作为贺礼。溥仪很快就掌握了自行车驾驶技术，并让内务府采购当时市面上的各国名牌的自行车，如英国的三枪牌、美人牌、帽牌，德国的蓝牌，法国的雁牌等不同型号的自行车20多辆。溥仪为骑自行车方便，还将许多宫门的门槛锯掉，并将御花园内的绛雪轩改造为自行车储藏间。随着时间的推移，当年的自行车大多不见踪迹，唯有一辆英国产的三枪牌自行车依然存放于故宫博物院的库房内。在晚清的老照片中，有一张婉容扶车的照片，从照片来判断，与婉容合照的那辆自行车应该就是目前故宫博物院收藏的这辆车。

这辆自行车是溥仪和婉容曾经骑过的一辆女式自行车。该自行车全长187厘米，高113厘米，车身为黑色，车把装有铃铛，车座上附有牛皮的坐垫，车座后挂着一只牛皮工具袋。车把下端正面是商标，在一个椭圆形圈内，三支步枪组合成一个正三角形。在车身各处的零件均有商标，

▲ 女士自行车

如牛皮坐垫上有"BROOKS PATENT PATENTED IN U.S.A（美国布鲁克斯生产专利）"、"TRADE MARK LADYS B 75（商品

---

① （美）何德兰著，晏方译：《慈禧与光绪：中国宫廷的生存游戏》，中华书局2004年版，第79~80页。

型号为B75的女式车）、SADDLE J.B.BROOKS&CO.LTD（布鲁克斯车座有限公司）"。商标的英文有"B.S.A.CYCLES LTI（BSA自行车公司）"、"BIRMINGHAM TRADE（伯明翰业主贸易）"。车胎上的英文有"THE DUNLOP-TYRE-DUNLOP（邓禄普环形轮胎）"。从上述的英文标识来看，这辆自行车集合了当时众多优秀企业的配件产品于一身，应该是实行专业化生产的产品。

后　记

在《皇帝的小玩具——清代宫廷的娱乐文化》即将付梓之际，颇多感慨，写几句话，以纪念这本小书的诞生过程。

我于2006年从中国人民大学清史研究所毕业，进入故宫博物院从事宫廷生活文物的保管、陈列和研究工作，距今已经近13年了。求学之时，我即对清代生活史很感兴趣，机缘巧合，有幸进入宫廷部生活文物组从事专门的研究工作，可谓天遂人愿。记得刚入职之时，正赶上故宫博物院有史以来最大规模的七年文物整理工作，我参加了后四年的文物整理，每天与文物打交道的过程是我最好的学习机会，这些外界难以见到的珍贵文物从我手边一件件经过，就像历史的流水流过掌心，浸润着自己，慢慢地进入文物研究的领域。

宫廷玩具的研究一直以来受到关注较少，研究成果也很有限。早些年，我在整理玩具文物的过程中，随手写过几篇相关的介绍性文章投到一些杂志，结果反响出人意料的好。于是陆续有杂志约我写一些关于宫廷玩具的稿子，就这样在十余年的时间里，零零散散地写了二十几篇小文章，每篇文章都是专注于一类玩具或一件玩具。文章既介绍相关的玩具文物情况，也有对相关历史和文化的探讨。时间久了，这些小文章就逐渐形成系统，我也有将其成书的想法，但天性怠懒却又追求完美，因此一直未成。2017年，我应中国科学院大学汪前进教授之邀，前往科学院大学做关于宫廷玩具的讲座。这个讲座受到一些学者的关注，许苏葵女士专程来宫里与我探讨是否可以写一本关于宫廷玩具的著作，许老师诚恳之邀令我难以回绝。因此硬着头皮接了下来，在一年多的时间里，我全力投入到这本书的写作之中，重新整理了关于宫廷玩具的各类文献材料，按照类别进行系统介绍，并对相关的文物再次梳理。到2018年年底，这本小书的初稿终于问世。这本小书能在一年的时间内完成，既得益于之前十余年的积累，也有惶恐辜负许老师殷切期许，自我鞭策之功。

因为宫廷玩具的历史的传承性和差异性与其他类文物相比还是有其独特之处，单一的文物研究无法真正的研究透彻。因此这本小书从故宫博物院所藏的玩具文物出发，结合相关的文献记载，介绍历史渊源，并结合文物进行论述，这也是我写玩具文物文章一贯的行文习惯。由于玩具本身繁杂多样，研究透彻颇为艰难，加之自身学力有限，因此在写作之时，并非面面俱到，而是拣选了一些有代表性的玩具进行论述，使读者能对清代宫廷的玩具有大致的认识。因文物研究的特殊性，我在这本小书中插入了100余张图片，希望可以使读者更好地对这些玩具有所认识。

在成书之际，要感谢关心和指导我成长的诸位老师。带我走进清史研究领域的张永江先生，指导我宫廷生活文物研究的郭福祥、刘宝健、关雪玲、王慧等诸位老师，正是在他们的帮助下，我才有了一点点的成绩和进步。感谢许苏葵老师、赵子涵老师，正在这些老师的努力下，才有了这本小书的诞生。最后感谢我的父母和妻女，正是他们在背后默默的付出才让我有闲暇去实现自己的学术理想。当8岁的女儿认真读完这本小书的初稿并与我探讨很多问题时，我感到由衷的欣慰！

万秀锋
2018年12月